最有效的
學習法圖鑑

自分にあった方法が見つかる! 勉強法図鑑

西岡壱誠 + 東大CARPE DIEM◎著
邱顯惠◎譯

晨星出版

「不管怎麼學習都沒效果！」
「都這麼努力了，卻還是卡關！」
「根本提不起勁來學習！」

　　應該很多人都有過這些煩惱吧？但其實，這可能只是因為你尚未找到「適合自己的學習法」罷了。

　　學習法就像是學習的營養補充品。身體不適時，大家可能會選擇服藥或補充營養品，例如「覺得疲倦時吃這個藥」、「頭痛時補充那個保健食品」。學習法的運用也是同樣的道理，當你在學習上遇到瓶頸，或是「想變得更好」時，就應該用合適的學習法來應對。

　　世上有各式各樣的學習法，像是使用筆記的學習法、利用題庫的學習法、適合預習的方法、適合複習的方法……這些方法都具備幫助學習者解決問題的力量。提不起勁時，就該試試能激發學習動力的方法；記不住內容時，就來試試高效率的記憶技巧。

　　本書就是一本專為學習準備的「處方箋」。集結了古今中外的各種學習法，並以圖鑑的形式呈現。當你在學習上卡關，或是想「變得更厲害」時，翻翻本書，就一定能找到適合自身狀況的學習法。

　　請善用這本書，來解決學習上的各種煩惱吧！

目次

Chapter 1　基本的學習法

做筆記與隨手記錄的方法　18

| No. 01 | 記憶樹學習法 | 20 |
串聯「意義關聯性」的學習法

| No. 02 | 彩色筆記法 | 24 |
運用色彩分類規則製作清晰易懂的筆記

| No. 03 | 二等分學習法 | 28 |
將筆記本分成兩部分，運用多種筆記方法的技巧

| No. 04 | 一問一答學習法 | 32 |
在筆記本上寫下「Q & A」的學習法

| No. 05 | 蒐集錯誤學習法 | 36 |
彙整做錯的問題，製作錯誤筆記本的學習法

| No. 06 | 原子筆學習法 | 40 |
用橡皮擦無法擦除的文具進行學習的方法

| No. 07 | 情緒關聯學習法 | 44 |
根據情緒調整字體大小的筆記技巧

鞏固記憶與複習的方法　48

| No. 08 | 正字學習法 | 50 |
將自己尚未掌握的部分視覺化，藉此維持學習動力的記憶法

| No. 09 | 迴針縫學習法 | 54 |
像縫紉時的迴針縫一樣，透過反覆學習來強化記憶

| No. 10 | 30 秒快記學習法 | 58 |
檢驗自己是否能迅速想到答案的瞬間反應力學習法

| No. 11 | 白紙學習法 | 62 |
每天將自己學習的內容重現於白紙上的學習法

| No. 12 | 書寫記憶檢查法 | 66 |
盡可能回想並寫下所有學過的內容

| No. 13 | 時光膠囊記憶遊戲 | 70 |
來自過去自己的挑戰信

| No. 14 | 預習與複習計數學習法 | 74 |
預習時，一旦發現「這個好像以前看過……」，就立即檢查！

Chapter 2　實用的學習法

📅 策略與目標設定　82

| No. 15 | 百分比學習法 | 84 |
清楚呈現計畫進度的學習法

| No. 16 | 拆解努力過程法 | 88 |
透過矩陣來明確目標與目的

| No. 17 | 雙重目標 | 92 |
設定最高目標與最低目標，藉此維持動力

| No. 18 | 水平思考 | 96 |
透過思考各種選項，讓決策變得更容易

| No. 19 | 目標導向思考 | 100 |
從目標反推，逆向思考，只保留真正該做的事

| No. 20 | 習慣化思考 | 104 |
即使沒動力也沒關係！創造「自動模式」

| No. 21 | SMART 思考 | 108 |
透過具體、可衡量、可達成、有關聯性與時限來釐清目標

🏃 提升效率的策略　112

| No. 22 | 高速循環學習法 | 114 |
先大致瀏覽一遍，再進行深入學習的方法

| No. 23 | 逆向學習法 | 118 |
先理解目標，再用最短路徑抵達的學習法

| No. 24 | 留一點學習法 | 122 |
刻意留下未完成的部分，激發「還想再學」的動力

| No. 25 | 「3、2、1」思考法 | 126 |
先倒數「3、2、1」，然後在「0」的瞬間立即開始

| No. 26 | 跳躍學習法 | 130 |
嚴選需要學習的部分

| No. 27 | 番茄鐘工作法 | 134 |
將時間切割並提升效率的時間管理技巧

| No. 28 | 交叉閱讀學習法 | 138 |
同時閱讀 2 本書，並找出「意見分歧的部分」

| No. 29 | 手機學習法 | 142 |
手機也能根據使用方式發揮效果！

對學習有幫助的思考方法　　　　　　　　146

| No. 30 | 自我辯論學習法 | 148 |

從辯論的角度分為正反兩面來整理的學習法

| No. 31 | 層次思考 | 152 |

讓事物的層次保持一致的思考方法

| No. 32 | 本質思考 | 156 |

在微觀與宏觀的觀點中來回切換

| No. 33 | 背景思考 | 160 |

思考因果關係與背景，掌握問題的本質

| No. 34 | 教授他人的學習法 | 164 |

成為老師來教別人的學習法

| No. 35 | 提問式閱讀 | 168 |

在閱讀時隨時向作者提問

| No. 36 | 全部重述學習法 | 172 |

在筆記或備忘錄中，將所有資訊換個說法寫下來的方法

Chapter 3　具體方法與技巧

考試準備方法　　　　　　　　178

| No. 37 | 先做考古題學習法 | 180 |

先解考古題，再進行3項對策！

| No. 38 | 先看答案學習法 | 184 |

先看答案，再想解題步驟

| No. 39 | 合格分數學習法 | 188 |

意識到合格分數後，找出該花時間的地方進行學習的方法

| No. 40 | 戰略思維學習法 | 192 |

列出現狀與理想，並思考如何填補其差距的學習法

| No. 41 | 避難訓練學習法 | 196 |

培養應試實力的學習法

| No. 42 | 限制時間學習法 | 200 |

透過時間限制提升緊張感的學習法

| No. 43 | 自製陷阱題 | 204 |

站在出題者的立場思考「陷阱題」

技巧集　　　　　　　　　　　　　　　　208

No. 44 朗讀學習法　　　　　　　　　　　210
透過聲音記憶的學習法

No. 45 跟讀學習法　　　　　　　　　　　214
如影隨形地跟著英文唸出來

No. 46 即時英譯練習　　　　　　　　　　218
將句子即時翻譯成英文

No. 47 單字本升級法　　　　　　　　　　222
製作屬於自己的「完美單字本」

No. 48 第一段預測法　　　　　　　　　　226
只讀第一段來預測文章的發展

No. 49 摘要閱讀法　　　　　　　　　　　230
反覆練習「如何用一句話來解釋」

No. 50 學習魔法香蕉　　　　　　　　　　234
自問自答並串聯詞彙的聯想法

專欄

影片課程的注意事項　　　　　　　　　78
好好睡覺　　　　　　　　　　　　　　79
也要好好學習日語　　　　　　　　　　80
選擇教材的方法　　　　　　　　　　176
考試當天應注意的事項　　　　　　　238

本書收錄了各種學習法。
請找到適合自己的方式並加以調整運用。

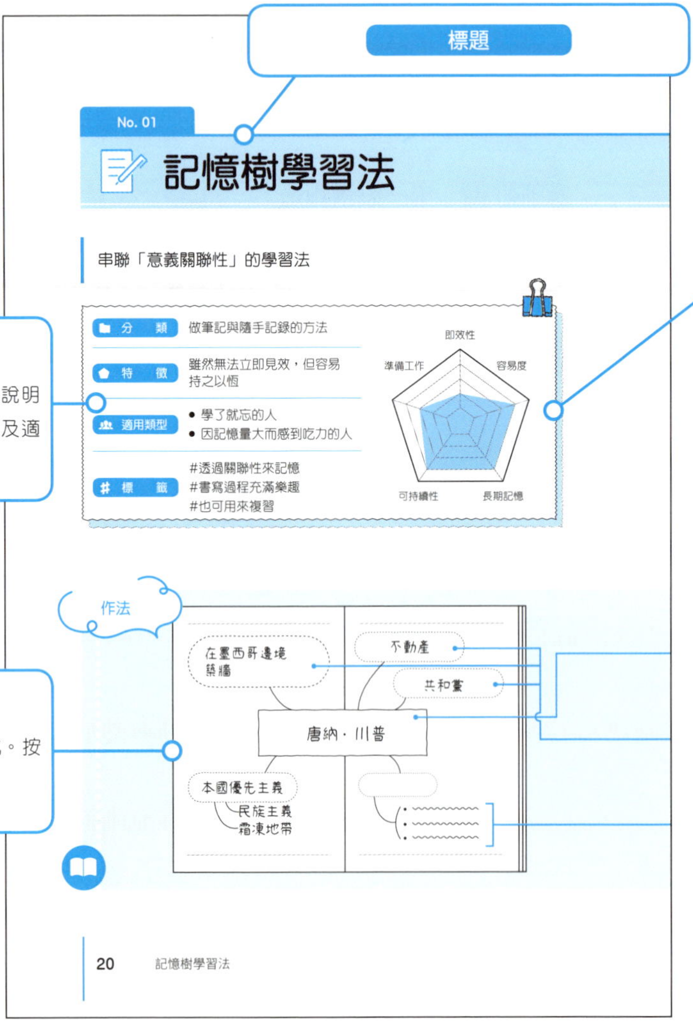

標題

No. 01

記憶樹學習法

串聯「意義關聯性」的學習法

資料
彙整了各種學習法,說明它們適合哪些人,以及適用於哪些情境。

- 分　類　做筆記與隨手記錄的方法
- 特　徵　雖然無法立即見效,但容易持之以恆
- 適用類型
  - 學了就忘的人
  - 因記憶量大而感到吃力的人
- 標　籤
  #透過關聯性來記憶
  #書寫過程充滿樂趣
  #也可用來複習

雷達圖:即效性、準備工作、容易度、長期記憶、可持續性

作法

圖解
將各種學習法圖解化。按照步驟嘗試看看吧。

在墨西哥邊境築牆 / 不動產 / 共和黨 / 唐納・川普 / 本國優先主義 / 民族主義 / 霜凍地帶

20　記憶樹學習法

6

雷達圖

各指標的概要如下：
「即效性」：是否能夠立即見效
「容易度」：數值越高表示越簡單
「長期記憶」：是否適合長期記憶
「可持續性」：是否容易持續下去
「準備工作」：準備的費力程度（數值越高表示越輕鬆）

一般來說，記憶的關聯性越強，越容易記住，也不容易忘記。利用這種特性，將具有相同意義的關係、相反意義的關係，或單字結構相似的關係，以線條串聯起來，形成多種關聯模式的學習法，就是所謂的「記憶樹學習法」。

記憶樹是一種**將資訊與資訊之間的關聯，以線條串接起來，具體化地記錄在筆記上的方法**。因為這種學習法是透過建立「記憶」（＝Memory）之間的「樹狀結構」（＝Tree）來幫助學習，所以被稱為「記憶樹」。

這種方法的視覺效果清晰易懂，且隨時可以補充內容，因此有許多人採用。然而，需要特別注意的是，若無法清楚找出資訊之間的共通點，無法理解「這裡相似」或「這裡有關聯」，可能就會讓筆記變得更難整理。

概要

彙整了各種學習法的概要。

1. 在正中央寫下主題
2. 寫出相關的詞彙並串聯起來
3. 加上補充說明

CHAPTER 1 基本的學習法 21

> **解說**
> 解說具體的學習法如何進行。

如何製作記憶樹

我們來實際看看要怎麼製作記憶樹。首先,在紙張正中央寫下一個你想記住的單字,或是想學習的主題用語。舉例來說,這裡以英文單字「form」為例,它最基本的意思是「形狀」。許多人可能只記得「form＝形狀」,但其實它與棒球或網球等運動中所說的「姿勢不錯」中的「姿勢」是同一個意思,指的是「從外觀看到的姿勢或動作」,也就是說,在打棒球、高爾夫或網球時,「手臂擺放的位置」、「腳部的站位」

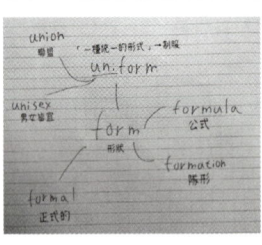

這些從外觀上能看出的特徵,就稱為「姿勢(form)」。因此,「form」可以表示「形狀」、「形態」或「外觀」。

此外,日文裡常說的「フォーマル(formal)な格好」,意思是「正式的(formal)穿著」。那麼,「形狀」為什麼會跟「正式」有關呢?如果你知道「形式ばる」這個日文單字的話,就能理解其中的道理。「形式ばる」指的是「過度拘泥於形式」。而與此相關的詞彙「形通り」或「型通り」,則表示「『正式』的事物,通常缺乏彈性且顯得刻板」。因此,「フォーマルな格好」便是指「講究形式、外表端正得體的穿著」。再延伸下去的話,「format」指的是「可用於其他場合的格式」,而「formula」則是「數學公式」或「固定用語」。由此可以理解,「form」是從

> **感想與建議**
> 東大生親自實踐後的感想與建議。

「形狀」的概念衍生出「符合某種形式」的含意。

整理完這些延伸的資訊後,可以從「form」這個單字出發,將與其相關的詞彙,如「format」、「formula」、「uniform」等記錄在筆記上。

透過這種筆記方式,就能從一個英文單字延伸出許多相關意思,幫助我們更深入地理解。

 **感想與建議!**

這個方法不只能幫助記憶英文單字,還能讓我們更容易記住像歷史人物、理科元素符號這類彼此有許多關聯的內容。而且它的優點是可以利用零碎時間快速做筆記。不過實際執行時,大約需要一個小時左右。如果與日常學習同時進行,可能會占用到一些時間,因此建議一週進行一次即可。此外,這個方法的效果來自於建立大量的記憶樹,所以不要只停留在一棵,而是要持續擴充,創造新的記憶樹。

推薦書籍

- 東尼‧博贊‧著、近田美季子‧譯,《新版 ザ・マインドマップ®》(暫譯:心智圖®法),Diamond 社。
  這本書詳細說明了與記憶樹相似的心智圖®的製作方法。

> **推薦書籍**
> 介紹「想更深入了解時」的推薦書籍。

西岡壱誠（Nishioka Issei）

東京大學在校生

1996 年出生。從偏差值 35 開始立志考取東京大學，然而高中畢業後的應屆報考與重考都未能成功。在困境中透過自行研發的「獨學技巧」，將偏差值提升至 70，並在東大模擬考中獲得全國第 4 名，最終成功考上東大。

為了將這些經驗和方法傳授給全國的學生與教師，於 2020 年創立了「株式會社 CARPE DIEM」。目前在全國各地的高中教授思考方法與學習方法，並為教師提供指導方法的諮詢服務。同時也經營 YouTube 頻道「手機學園」，向約 1 萬名訂閱者分享學習的樂趣。

著作眾多，包括《東大読書》（暫譯：東大讀書）、《東大作文》（暫譯：東大作文）、《東大思考》（暫譯：東大思考）、《東大独学》（暫譯：東大獨學）（以上均由東洋經濟新報社出版），此系列為暢銷書，累計銷量已達 40 萬本。

布施川天馬（Fusegawa Tenma）

東京大學在校生

1997 年出生。成長於年收入約 300 萬日圓的家庭，從小過著貧困生活。因金錢與地理限制，立志進入能實現升學目標的東京大學。

高中時期積極參與管樂團並擔任學生會長，卻未養成自主學習習慣，結果成為毫無準備的考生。由於家裡無法負擔升大學補習班的費用，自己發明了「省錢又省時間的學習法」，重考一年後成功考上東大。

目前正在推動「真實版龍櫻計畫」，將自己的學習法推廣到全國，並在免費 YouTube 頻道「手機學園」，為全國各地的孩子提供學習指導。

著作包括《東大式時間術》（暫譯：東大式時間管理技巧）、《東大式節約勉強法 世帯年収 300 万円台で東大合格できた理由》（暫譯：東大式節省學習法：在年收入 300 萬日圓家庭成功考上東大的理由）（以上均由扶桑社出版），以及《人生を切りひらく　最高の自宅勉強法》（暫譯：開創人生：最佳居家學習法）（由主婦與生活社出版）。

黑田將臣（Kuroda Masaomi）

東京大學在校生

曾就讀從未誕生東大合格者的高中，當時入學排名幾乎倒數，但掌握了考上東大的技巧，經過兩年的重考，最終成功考上東大。如今仍然有人深信努力就會成功的神話，然而，學費高昂的升學名校和升大學補習班卻掌控了應考技巧，為了改變這個應考世界，加入了東大生集團「CARPE DIEM」，設立自己的應考目標，致力幫助更多考生憑藉自身力量考上東大。

著作包括《ビジネスとしての東大受験　億を稼ぐ悪の受験ハック》（暫譯：商業化的東大應試：賺取上億日圓的邪惡應考祕訣）（由星海社出版）和《東大入試徹底解明 ドラゴン現代文》（暫譯：東大入試徹底解析：龍櫻現代文）（由文英堂出版）。

相生昌悟（Aioi Shogo）

東京大學在校生

2000 年出生。畢業於地方公立高中，現為東京大學在校生。自高中入學以來便全心投入課業，卻未見成效，於是開始研究「努力」的方法，最後自創一套能將努力確實轉化為成果的「目標達成思維」，並於高三時在東大模擬考中獲得全國第一。隨後應屆考取東大。

目前致力於將自身經驗傳授給全國的教師和學生，並透過「真實版龍櫻計畫」指導高中生。著有《東大現役學霸的讀書計畫制定法：設定目標、擬定策略、確定方法、規畫時程，學會東大式的正確用功法》（由台灣東販出版）。

永田耕作（Nagata Kosaku）

東京大學在校生
就讀公立高中時未曾上過補習班，應屆考上東京大學理工系。進入東大後，利用學系分流制度轉入文組，目前就讀東京大學教育系。加入株式會社 CARPE DIEM 後積極參與講座活動，向各校高中生分享「如何看待學習」及「努力的重要性」。同時整合自身過往的經驗與大學所學的教育理論，透過與高中生的交流，不斷精煉自己的想法。
著有《東大生的萬用思考術：工作、創業、學業都有用的 29 種思考模板，練就未來人才的 9 大能力》（由漫遊者文化出版）。

松島 Karen（Matsushima Karen）

東京大學在校生
高中時期我曾因缺乏自信而非常苦惱。想要努力做些什麼，成為能夠相信自己的人，抱著這個念頭，我決定報考東大。但高一時的模擬考，數學偏差值只有 39，甚至連國語答案紙怎麼填都不清楚，完全不像是能考上東大的成績。
就在那時，我接觸到一本「筆記本」，發現它不僅能幫助我倒推距離考上大學的時間，為模擬考和各個時期設定目標，還能管理自己每天的狀態。透過筆記本，我能夠掌控實現夢想所需的「時間、體力與精力」。此外，自從開始寫筆記本後，也讓我開始更積極投入學習。
最終，在幾乎所有學生都選擇內部推薦直升的高中，我成為唯一一位透過一般考試，應屆考上東大的學生。
著有《擺脫低分人生：從零開始到世界名校的東大生神奇筆記法》（由楓葉社出版）。

青戶一之（Aoto Kazuyuki）

東大畢業講師、《龍櫻 Note magazine》總編輯
1983 年出生於鳥取縣。高中畢業當地升學名校，曾從事自由業，25 歲時轉行成為補習班講師。26 歲起擔任補習班分校負責人，除了管理業務外，也同時參與學習指導。29 歲時，因補習班中一名東大考生落榜，深感自身學力不足，以及因缺乏大學考試經驗所帶來的影響，於是決定在 30 歲挑戰東大考試。在擔任補習班講師的同時，每天利用 3 小時讀書，最終於 33 歲成功考取東大。在學期間持續從事學習指導工作，畢業後進入職場，已累積 15 年教學經驗。現為專業家教與補習班講師，並兼任《龍櫻 Note magazine》總編輯。
著有《あなたの人生をダメにする勉強法》（暫譯：毀掉你人生的學習法）（由日本能率協會 Management Center 出版）。

No. 00
導讀

對東大生的誤解

　　本書集結了過往各種探討過的學習法，並訪談實際應用這些方法的東大生，向大家分享他們的學習成果。

　　一聽到「東大生使用的學習法」，或許大家會想：「嗯……這我可能學不來。」但事實並非如此。許多人可能認為東大生「天資聰穎」或「本來就很厲害」，但這種看法並不正確。當然，有些人記憶力佳、寫作能力強，或具備某些突出的天賦，但東大的入學考試並非光靠天賦就能順利通過。相較於其他大學，東大的考試科目更多，評量的能力範圍也更廣，要求考生具備多種能力，例如記憶力、寫作能力，以及邏輯思考能力等。即使在某些領域有天賦，不需特別準備，其他領域仍需下功夫，找出適合的應考策略。

東大生＝嘗試過更多學習法的人

　　東大入學考試並非單靠天賦就能通過。想要成功應對並順利考取東大，必須比其他人嘗試更多種學習法。因此，東大生是「**相較於其他人，嘗試過更多學習法的人**」。他們會仔細嘗試各種方法，判斷哪些方法適合自己、哪些不適合，甚至會靈活組合不同的學習

法來提升實力。正因為如此,他們不僅清楚實踐這些學習法後能帶來哪些效果,還知道如何將效果最大化,並且能判斷哪些學習法適合什麼樣的人。

到底為什麼要學習呢?

為什麼人們要學習呢?這個問題的答案有各種不同的看法。

其中一個可能的答案是「因為這樣可以讓世界變得更廣闊」。舉例來說,假設大家去便利商店買牛奶。

如果大家在東京買牛奶,通常會發現牛奶的產地標籤上寫著「群馬縣」、「栃木縣」、「千葉縣」等關東地區的鄰近縣名。

可能很多人會覺得:「牛奶不是應該來自北海道嗎?」或是「我以為北海道的牛奶比較多」。但對於群馬縣或　木縣,大家的印象可能不太會跟牛奶聯繫在一起,那麼為什麼這裡也會生產牛奶呢?

其實,答案可以從小學社會課本找到。這就是所謂的「近郊農業」。因為蔬菜要趁早食用才能保持新鮮,所以有一種農業模式是選擇在消費地附近生產,避免耗費過多的運輸成本和時間,這個概念應該很多人都學過。牛奶的賞味期限很短,新鮮度相當重要。如果要把北海道的牛奶運到東京,光是運送過程就需要花費時間和勞力。因此,牛奶大多會在消費地的周邊地區生產。

當我們在吃東西的時候，其實可以不去想太多，但如果你能稍微想想，「這是這個地區的特產」或「這也是近郊農業的一部分」，當你意識到自己與社會的連結時，是不是會覺得世界變得更加廣闊呢？因此，可以說學習的目的就是「讓世界變得更加廣闊」。

自學與補習班，或是升大學補習班，哪個比較好？

最後，想回答一個常常被問到的問題：「是選擇自學，還是去補習班向他人學習？」這個問題一直困擾著許多人。

首先前提是，補習班或升大學補習班**並不是「只要去上課就能馬上提高成績的魔法場所」**。確實有些人上了補習班後，成績並沒有顯著改善。能否有效利用這些資源，最終還是取決於自己的學習態度或方法。因此，如果能夠善加利用這些資源，就應該考慮去補習班。

此外，有些科目選擇去補習班或升大學補習班可能會更有效。例如，在大學入學考試中，一般認為國語科目很難單靠自學來提高成績。很多人想要提升國語分數，卻不知道該學習哪些內容。因此，對於那些不知道該從哪裡開始學習的科目，**「向他人請教」**通常能達到更好的學習效果。

除此之外，也可以尋求學習之外的意義。舉例來說，許多東大生在考試期間會故意選擇離學校較遠的補習班，原因是「如果選擇附近的補習班，會遇到很多同校的朋友，結果只會和朋友混在一

起」。如果選擇遠一點的補習班，則能夠建立新的社交圈，交到更多志同道合的朋友。其實有些東大生在高中時期，每週都會跨越瀨戶大橋，從香川縣到關西地區的補習班上課，真是令人佩服。

不過，做到這種程度後，人際關係也會變得更加新鮮，並且能以全新的感受與朋友建立友誼。因此，選擇「遠赴他處並融入當地社群」，其實是一件很有價值的事。

- 日野田直彥・著，《東大よりも世界に近い校》（暫譯：比東京大學更接近世界的學校），TAC 出版。
  這本書能回答「為什麼要上學？」或「在未來的世界中，生存所需具備的能力是什麼？」等問題。

CHAPTER 1

基本的學習法

Part1

 做筆記與隨手記錄的方法

Part2

 鞏固記憶與複習的方法

01 做筆記與隨手記錄的方法

筆記技巧與隨手記錄的技巧是學習法的基本。
首先，讓我們來介紹各種筆記的活用方法。

---

p.20

記憶樹學習法

串聯「意義關聯性」的學習法

#透過關聯性來記憶
#書寫過程充滿樂趣
#也可用來複習

---

p.24

彩色筆記法

運用色彩分類規則製作清晰易懂的筆記

#整潔的筆記更方便複習
#資訊整理法
#不同顏色的筆做筆記

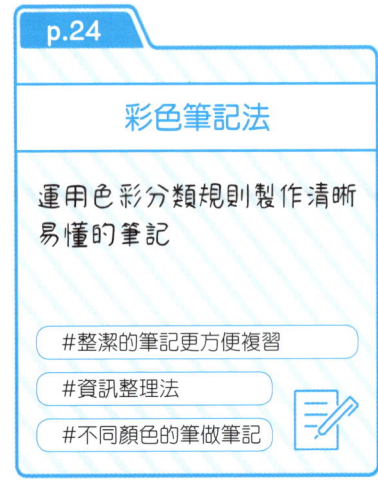

---

p.28

二等分學習法

將筆記本分成兩部分，運用多種筆記方法的技巧

#只需將筆記本分成兩部分
#適用數學或理科科目

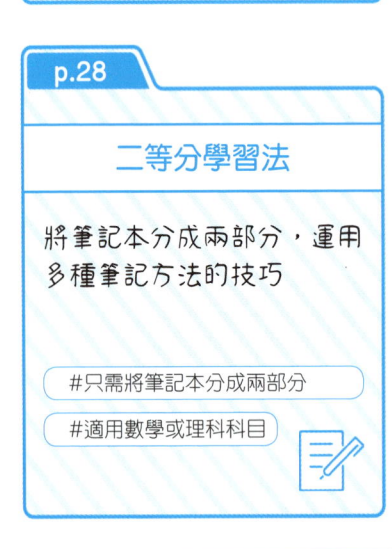

---

p.32

一問一答學習法

在筆記本上寫下「Q&A」的學習法

#適用於記憶類型
#自己出題
#證照考試對策

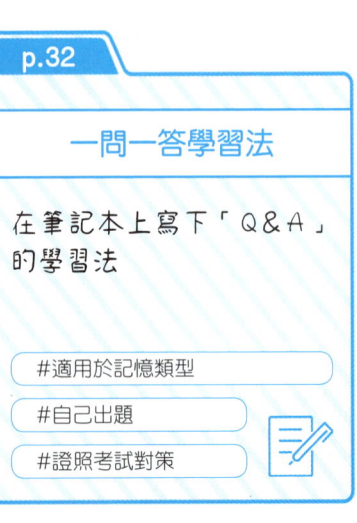

發現！

基本的學習法 ▼　　　日常學習 ▼

筆記技巧 ▼　　　隨手記錄技巧 ▼

p.36

蒐集錯誤學習法

彙整做錯的問題，製作錯誤筆記本的學習法

#錯誤筆記本
#考試對策
#防止粗心犯錯

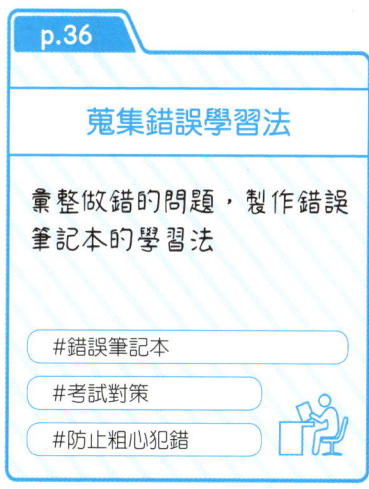

p.40

原子筆學習法

用橡皮擦無法擦除的文具進行學習的方法

#文具的活用
#防止粗心犯錯

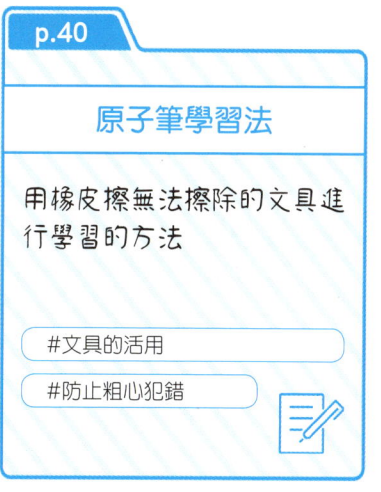

p.44

情緒關聯學習法

根據情緒調整字體大小的筆記技巧

#有情緒並不是壞事
#資訊整理法
#防止粗心犯錯

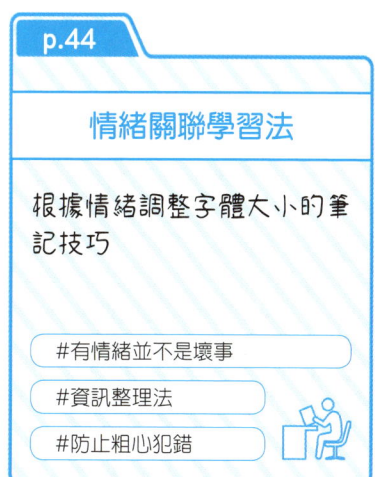

CHAPTER 1　基本的學習法

No. 01

 # 記憶樹學習法

串聯「意義關聯性」的學習法

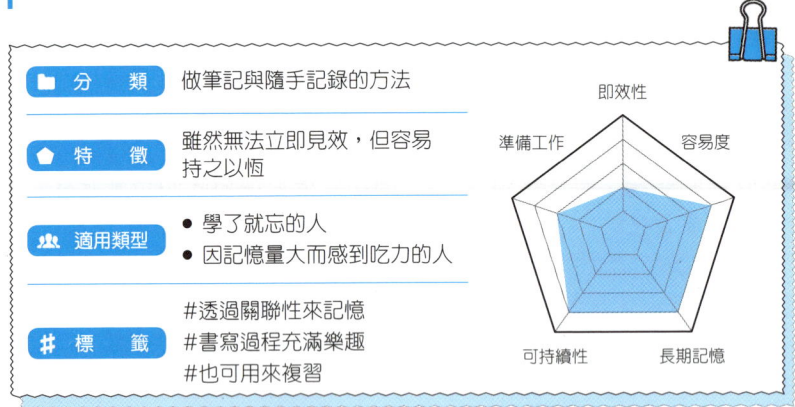

分　類	做筆記與隨手記錄的方法
特　徵	雖然無法立即見效，但容易持之以恆
適用類型	● 學了就忘的人 ● 因記憶量大而感到吃力的人
標　籤	#透過關聯性來記憶 #書寫過程充滿樂趣 #也可用來複習

作法

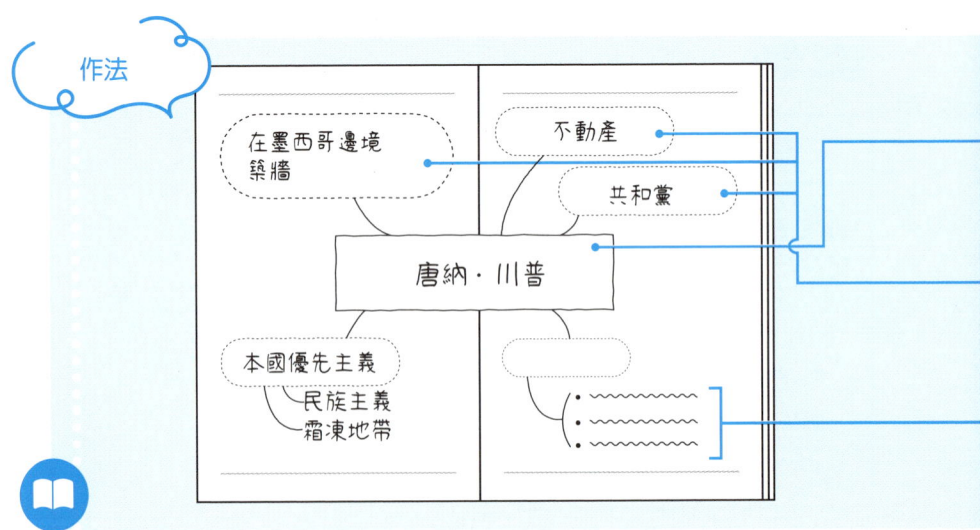

一般來說，記憶的關聯性越強，越容易記住，也不容易忘記。利用這種特性，將具有相同意義的關係、相反意義的關係，或單字結構相似的關係，以線條串聯起來，形成多種關聯模式的學習法，就是所謂的「記憶樹學習法」。

　記憶樹是一種**將資訊與資訊之間的關聯，以線條串接起來，具體化地記錄在筆記上的方法**。因為這種學習法是透過建立「記憶」（＝Memory）之間的「樹狀結構」（＝Tree）來幫助學習，所以被稱為「記憶樹」。

　這種方法的視覺效果清晰易懂，且隨時可以補充內容，因此有許多人採用。然而，需要特別注意的是，若無法清楚找出資訊之間的共通點，無法理解「這裡相似」或「這裡有關聯」，可能就會讓筆記變得更難整理。

1	在正中央寫下主題
2	寫出相關的詞彙並串聯起來
3	加上補充說明

如何製作記憶樹

我們來實際看看要怎麼製作記憶樹。首先，在紙張正中央寫下一個你想記住的單字，或是想學習的主題用語。舉例來說，這裡以英文單字「form」為例，它最基本的意思是「形狀」。許多

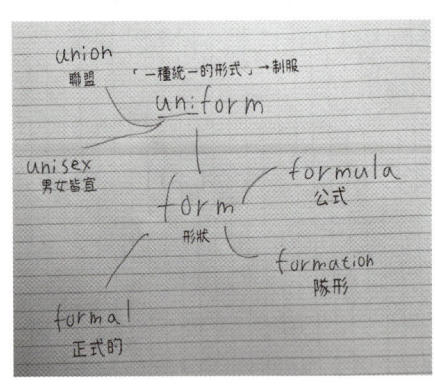

人可能只記得「form = 形狀」，但其實它與棒球或網球等運動中所說的「姿勢不錯」中的「姿勢」是同一個意思，指的是「從外觀看到的姿勢或動作」，也就是說，在打棒球、高爾夫或網球時，「手臂擺放的位置」、「腳部的站位」這些從外觀上能看出的特徵，就稱為「姿勢（form）」。因此，「form」可以表示「形狀」、「形態」或「外觀」。

此外，日文裡常說的「フォーマル（formal）な格好」，意思是「正式的（formal）穿著」。那麼，「形狀」為什麼會跟「正式」有關呢？如果你知道「形式ばる」這個日文單字的話，就能理解其中的道理。「形式ばる」指的是「過度拘泥於形式」。而與此相關的詞彙「形通り」或「型通り」，則表示「『正式』的事物，通常缺乏彈性且顯得刻板」。因此，「フォーマルな格好」便是指「講究形式、外表端正得體的穿著」。再延伸下去的話，「format」指的是「可用於其他場合的格式」，而「formula」則是「數學公式」或「固定用語」。由此可以理解，「form」是從

「形狀」的概念衍生出「符合某種形式」的含意。

整理完這些延伸的資訊後，可以從「form」這個單字出發，將與其相關的詞彙，如「format」、「formula」、「uniform」等記錄在筆記上。

透過這種筆記方式，就能從一個英文單字延伸出許多相關意思，幫助我們更深入地理解。

> **感想與建議！**
>
> 這個方法不只能幫助記憶英文單字，還能讓我們更容易記住像歷史人物、理科元素符號這類彼此有許多關聯的內容。而且它的優點是可以利用零碎時間快速做筆記。不過實際執行時，大約需要一個小時左右。如果與日常學習同時進行，可能會占用到一些時間，因此建議一週進行一次即可。此外，這個方法的效果來自於建立大量的記憶樹，所以不要只停留在一棵，而是要持續擴充，創造新的記憶樹。

- 東尼・博贊・著、近田美季子・譯，《新版ザ・マインドマップ®》（暫譯：心智圖®法），Diamond 社。
  這本書詳細說明了與記憶樹相似的心智圖®的製作方法。

CHAPTER 1　基本的學習法

No. 02

 # 彩色筆記法

運用色彩分類規則製作清晰易懂的筆記

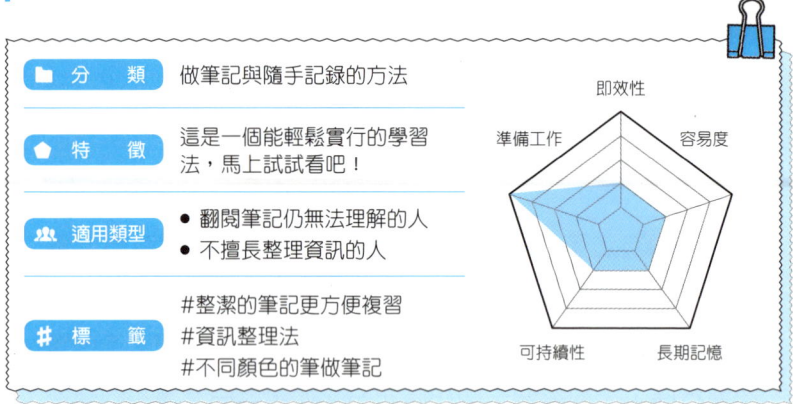

分類	做筆記與隨手記錄的方法
特徵	這是一個能輕鬆實行的學習法，馬上試試看吧！
適用類型	● 翻閱筆記仍無法理解的人 ● 不擅長整理資訊的人
標籤	#整潔的筆記更方便複習 #資訊整理法 #不同顏色的筆做筆記

整理筆記

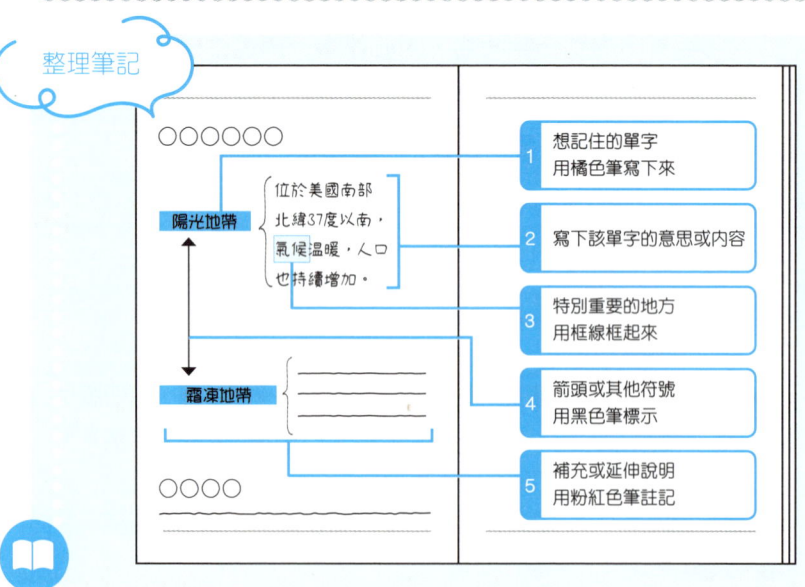

1 想記住的單字　用橘色筆寫下來
2 寫下該單字的意思或內容
3 特別重要的地方　用框線框起來
4 箭頭或其他符號　用黑色筆標示
5 補充或延伸說明　用粉紅色筆註記

24　彩色筆記法

彩色筆記法是指決定顏色使用方式後所做的筆記。

「筆記的整潔度是否與學業成績有直接關聯？」這個問題長久以來備受討論，但至今尚未有明確結論。有人認為，筆記的整潔度與記憶效果無關，畢竟筆記是寫給自己看的，並不需要做到「他人看起來整齊美觀」，這樣的觀點確實有其道理。然而，不可否認的是，製作整潔的筆記確實能帶來一定的學習效果。

聰明人的筆記**會有明確的用色規則，因此即使事後翻閱，也能發揮學習效果**，這正是其優點。了解這種注重細節的筆記方式，有助於提升學業成績。

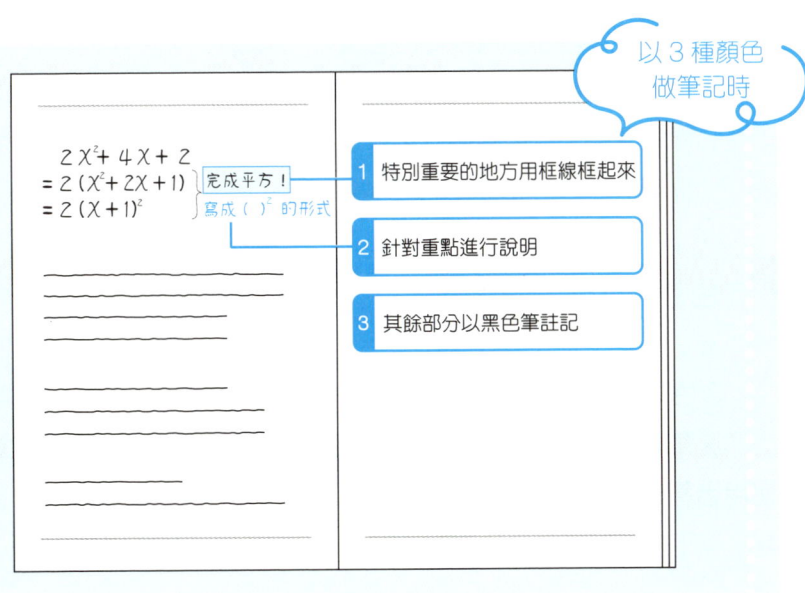

整理筆記

　　首先，準備一本筆記本和 6 支不同顏色的筆。筆的顏色沒有特定限制，但建議選擇清楚、容易辨識且方便書寫的顏色。這裡假設使用黑色、紅色、藍色、橘色、綠色和粉紅色。

　　接下來，選定要重新整理筆記並用來複習或記憶的範圍。挑選需要記住的單字後，根據自己設定的顏色規則，將單字及其相關資訊記錄下來。以下是根據顏色規則整理的範例：

- 橘色：想要記住的單字
- 藍色：該單字的意思或內容
- 紅色：特別重要的意思或內容
- 粉紅色：該單字的補充或延伸資訊（如果是英文單字，可以記錄同義詞、反義詞、相關單字等）
- 綠色：該單字的實際使用範例
- 黑色：使用等號（＝）或箭頭（→）等符號，來表示資訊之間的關聯，針對每個單字設定 5 種以上的顏色，首先可以選擇 20 個單字為基準來進行練習。

3 色筆學習法

　　3 色筆學習法是指在筆記本上記錄下難以理解的單字或需要記住的重點事項。**當你有需要記住的內容，且不想遺忘時，非常建議使用這種方法。**這個學習法也應根據事先設定好的顏色規則來書寫。以下是根據顏色規則整理的範例：

・紅色或橘色：關鍵重點
・藍色：與該重點相關的重要資訊
・黑色：其他說明性資訊或具體例子等資訊

使用紅色或橘色書寫的原因，是因為這些部分可以用紅色透明片遮住，方便後續複習。為了能牢記這些被遮住的內容，建議反覆複習。

📝 感想與建議！

在實踐「彩色筆記法」的過程中，最關鍵的是「整本筆記的配色要保持一致」。當色彩統一時，資訊的分類和定位會一目了然，讓大腦能夠迅速理解。

選擇顏色能展現個人風格，但建議大家根據顏色的效果來進行搭配。舉例來說，橘色在紅色透明片下會消失，紅色能吸引注意，藍色有助於提升注意力，粉紅色在紅色透明片下也會消失，但有助於舒緩緊張，綠色則能帶來安心感。

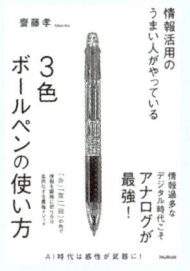

- 齋藤孝・著，《情報活用のうまい人がやっている３色ボールペンの使い方》（暫譯：擅長活用資訊的人如何使用３色筆），Forest 出版。
  這本書教你如何運用３色筆來提升筆記技巧並激發創意。

No. 03

 二等分學習法

將筆記本分成兩部分，運用多種筆記方法的技巧

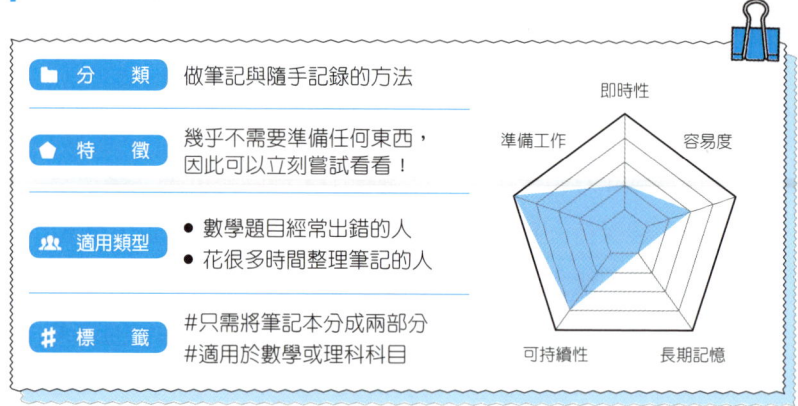

分　類	做筆記與隨手記錄的方法	
特　徵	幾乎不需要準備任何東西，因此可以立刻嘗試看看！	
適用類型	● 數學題目經常出錯的人 ● 花很多時間整理筆記的人	
標　籤	#只需將筆記本分成兩部分 #適用於數學或理科科目	

作法

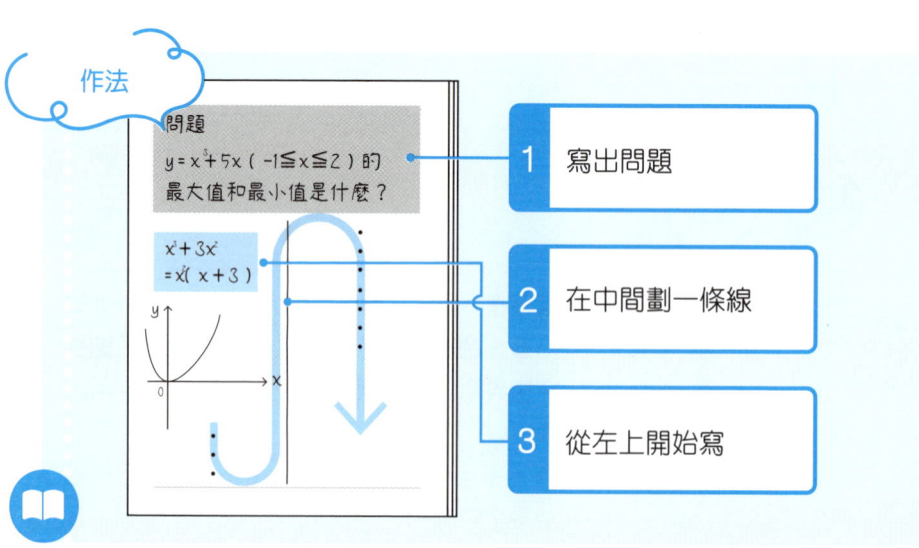

1. 寫出問題
2. 在中間劃一條線
3. 從左上開始寫

二等分學習法是指在做筆記時，**在筆記本中間劃一條縱向直線，將頁面分成左右兩部分來使用的學習法**。相較於直接做筆記，這種方法只需在中間劃一條線，將筆記分成左右兩區，不僅能減少錯誤，還能讓資訊更有條理。特別是在數學學習或處理數學公式的科目中，將內容分成兩部分並縱向延伸會更有助於學習，因此這種方法能充分發揮其獨特優勢。

> 實際的筆記

製作二等分的縱向筆記

在二等分學習法中,關鍵在於筆記被分成兩部分,書寫空間因此變得狹窄,**空間狹小會促使資訊縱向流動**,而有時縱向排列的資訊反而比橫向排列更有利於學習。例如,在書寫數學公式,或用不同方式重述相同資訊時,都適用這種方法。

舉例來說,像「A = B」這樣的內容單獨寫是沒問題的,但當這類資訊接連出現時,縱向書寫會讓我們更容易理解。

✗
$$(a+2b-c)^2 = (a+2b-c)(a+2b-c) = a^2+2ab-ac+2ab+4b^2-2bc-ac+c^2 = a^2+4ab-2ac-2bc+4b^2\cdots$$

○
$$(a+2b-c)^2$$
$$=(a+2b-c)(a+2b-c)$$
$$=a^2+2ab-ac$$
$$+2ab+4b^2-2bc$$
$$-ac-2bc+c^2$$

像這樣縱向排列時,以「=(等號)」連接起來的數學公式更容易進行比較,也能清楚看出相同的內容如何以不同形式呈現。換句話說,當筆記本頁面較為狹長時,資訊會變得更容易整理。筆記本其實就像是一幅映照個人思維的畫布。當筆記上的資訊變得難以閱讀時,通常也意味著大腦的思緒難以整理。因此,**將筆記本頁面分成左右兩部分,使其變得狹長,更有助於整理思緒**。

這樣做會讓筆記本比一般的更狹長，而這樣的格式能促使我們思考如何精簡整理資訊，或是在左右兩側分別記錄不同類型的資訊，進而發展出各種實用的筆記方法。

　　如果選擇在左右兩側記錄不同資訊，可以採用對比的方式，例如，在歷史筆記中，可以對比英國與法國，或比較日本與世界的歷史發展，這是一種非常適合整理思緒的學習法。

感想與建議！

　　詢問東大生後，發現許多人會在數學筆記本中間劃一條線來分隔使用。此外，也有一些人會在左右兩邊分別寫同一道題目。例如，左邊寫下最初的解題結果，右邊則是整理過後的正確數學公式。這樣做可以清楚比較自己解出的答案與標準答案之間的差異。

- **三田紀房・著《ドラゴン》，講談社。**
  第 10 卷中也有介紹這種二等分學習法。
  ※章澤儀譯，《東大特訓班》，台灣東販。

No. 04

 # 一問一答學習法

在筆記本上寫下「Q & A」的學習法

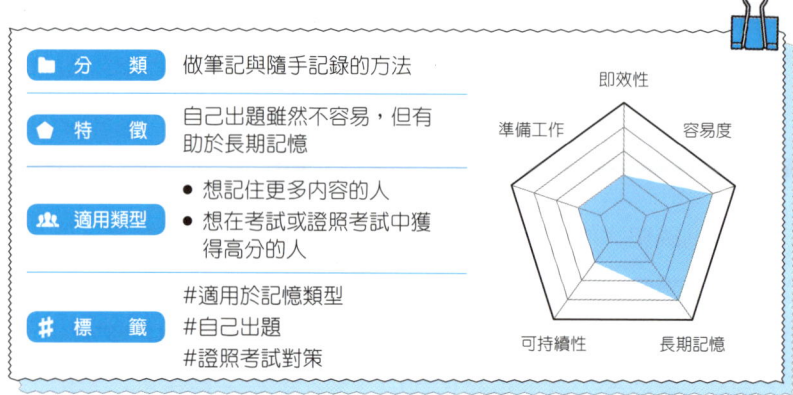

分類	做筆記與隨手記錄的方法
特徵	自己出題雖然不容易,但有助於長期記憶
適用類型	● 想記住更多內容的人 ● 想在考試或證照考試中獲得高分的人
標籤	#適用於記憶類型 #自己出題 #證照考試對策

雷達圖項目:即效性、容易度、長期記憶、可持續性、準備工作

作法

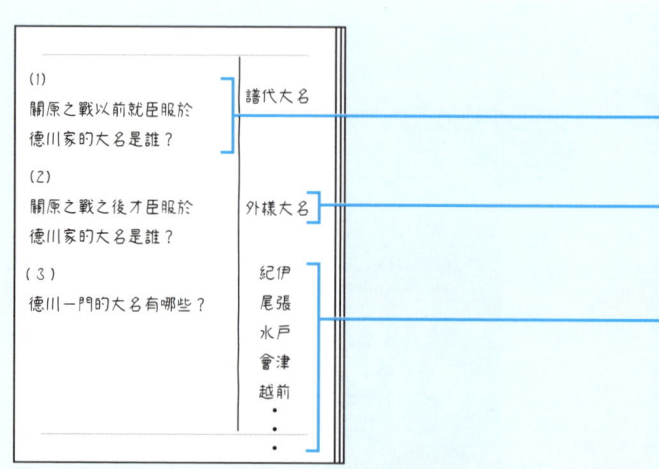

(1) 關原之戰以前就臣服於德川家的大名是誰? ── 譜代大名

(2) 關原之戰之後才臣服於德川家的大名是誰? ── 外樣大名

(3) 德川一門的大名有哪些? ── 紀伊、尾張、水戶、會津、越前……

一問一答學習法

一問一答學習法是指針對需要記住的內容，**自己設計問題，讓這些內容成為答案，並以一問一答的方式整理筆記**。透過這樣的方式，能在記憶過程中思考「可能會被問到什麼問題」，因此更容易記住對考試得分有幫助的知識。

然而，設計能夠對應特定答案的問題並不容易，因為題目的問法必須精確地指向單一的答案。舉例來說，若問題是「表示『正確』的英文單字是什麼？」可能會有多個答案，例如「correct」、「right」或「true」。但如果問題改成「基本上每個人都認為是『明確且正確』的英文單字是什麼？」那麼答案就會是「correct」。

1. 寫出問題的內容

2. 寫出問題的答案

3. 為了能得出唯一的答案，必須明確定義問題，否則可能會有很多種答案，這點需要特別注意

記憶英文單字時

在記憶英文單字時，與其單純記住「inspire ＝ 鼓勵、啟發」，不如試著設計題目來記憶，例如「The design of this building was ＿＿＿ by nature.（這棟大樓的設計受到大自然的啟發）請在底線填入正確的單字。」透過這種方式來記憶，能讓背誦更具實用性。

學習日本史時

這種學習方法的優點是相當實用，而且在出題過程中，可以理解哪些是應該記住的重點。

舉例來說，在學習日本史時，可能會學到奈良時代的租稅制度，例如「租庸調」。如果只記住「租＝律令制度下的稅制核心」，那麼當遇到「律令制度的稅制核心是什麼？」這類問題時，同樣屬於稅制核心的「庸」與「調」也可能成為答案。但如果問題改成「律令制度的稅制中，以收成的稻米作為稅收的是什麼？」這時答案就會是「租」。由此可見，我們應該記住「租＝以收成的稻米作為稅收的律令制度稅制」，這樣才能正確作答。透過這種方式，思考如何出題，就能更有效率地掌握應該記住的重點。設計題目的過程，正好就是在模擬考試可能會怎麼出題，進而制定應對策略。作為應試策略，這是一種非常有效的方法，試試看吧！

準備證照考試時

一問一答學習法在準備證照考試時也非常有效。**在選擇題型的考試中，題目的選項可能會是術語解釋，或是以一問一答的方式呈現問題**。正確的選項，可以直接當成一問一答的題目來背誦；而錯誤的選項，則要找出其中的錯誤，並整理成筆記。透過這種方式，便能大幅提升實力。

📝 感想與建議！

對於一個答案，建議可以設計多個問題。舉例來說，「end」除了表示「結束」之外，還有「目的」和「末端」的意思。例如「end of the table」指的是「桌子末端」，因此，可以設計像是「以 e 開頭，表示『目的』的英文單字是什麼？」以及「____ of the table.（桌子末端）請在底線填入正確的單字」這兩個問題，這樣的設計能讓學習不僅限於單一知識點。

推薦書籍

- 第學研編輯部．編，《東大生の勉強法カタログ　改訂版》（暫譯：東大生的學習法手冊），Gakken。
  這本書探討學生的學習法，由東大生整理並以手冊形式呈現各種技巧。

No. 05 蒐集錯誤學習法

彙整做錯的問題,製作錯誤筆記本的學習法

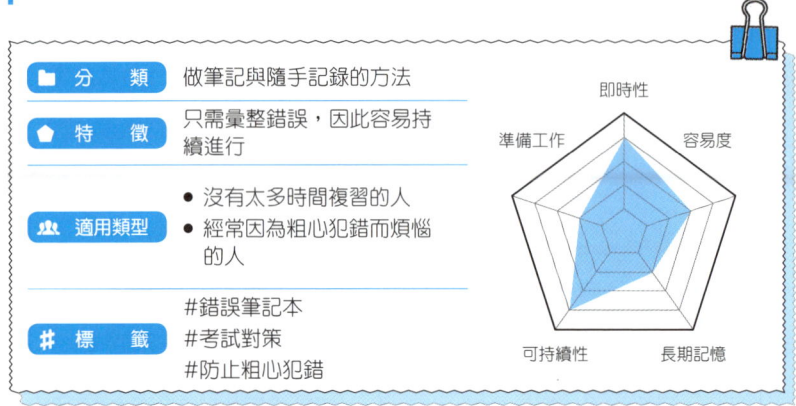

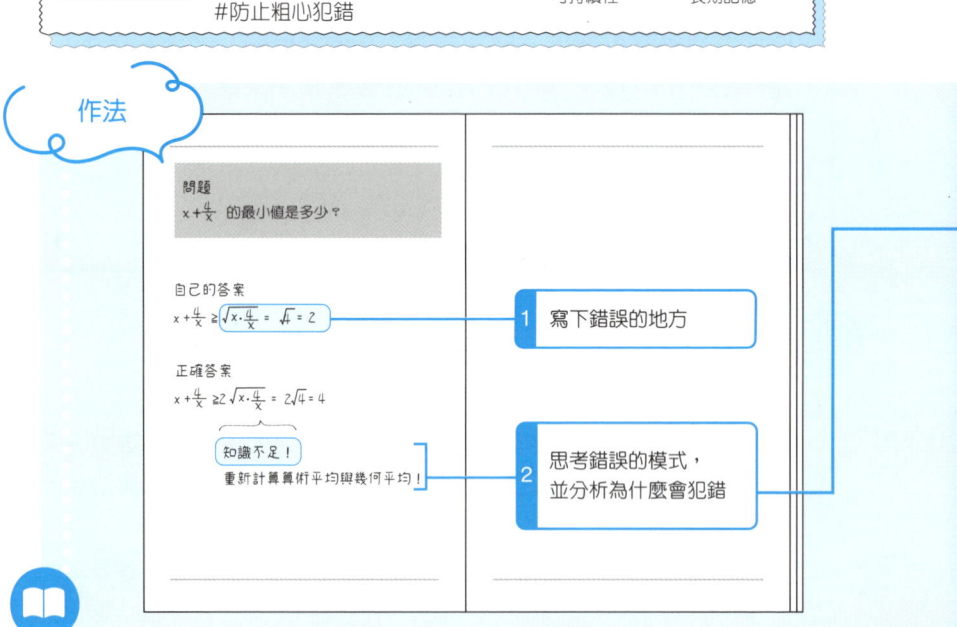

分類	做筆記與隨手記錄的方法	
特徵	只需彙整錯誤,因此容易持續進行	
適用類型	● 沒有太多時間複習的人 ● 經常因為粗心犯錯而煩惱的人	
標籤	#錯誤筆記本 #考試對策 #防止粗心犯錯	

雷達圖座標:即時性、容易度、長期記憶、可持續性、準備工作

作法

問題
$x + \frac{4}{x}$ 的最小值是多少?

自己的答案
$x + \frac{4}{x} \geq \sqrt{x \cdot \frac{4}{x}} = \sqrt{4} = 2$

正確答案
$x + \frac{4}{x} \geq 2\sqrt{x \cdot \frac{4}{x}} = 2\sqrt{4} = 4$

知識不足!
重新計算算術平均與幾何平均!

1. 寫下錯誤的地方
2. 思考錯誤的模式,並分析為什麼會犯錯

蒐集錯誤學習法是一種透過蒐集自己無法解答的部分，來製作錯誤筆記本的學習法。在考試或做題的過程中，分析自己在哪裡出錯，**將做錯的題目、錯誤的答案、錯誤的類型，甚至是錯誤的原因等，整理在筆記本中。**

粗心犯錯是指因為「注意力不足而未能發揮原本的實力」，但無論是什麼樣的錯誤，都屬於「原本實力」的範疇。即便是粗心犯錯，它仍然是錯誤，必須重新複習，並且確保不會再犯同樣的錯誤。為了達成這個目標所使用的學習法就是蒐集錯誤學習法。

3種類型的錯誤

① **知識不足**　　忘記該記住的東西

② **練習不足**　　練習量不足

③ **失誤疏漏**　　時間不夠，粗心犯錯

如何製作錯誤筆記本

準備一本筆記本,然後寫下以下 3 個項目:

❶ **錯誤的類型是什麼?**
　範例:計算錯誤,例如將「+」和「-」寫錯;漢字錯誤,例如將「專門」寫成「專問」。

❷ **為什麼會犯這種錯誤?**
　範例:計算過程較複雜,沒有做完;時間緊迫;記錯了某些知識點。

❸ **將來如何改善?**
　範例:在考試結束前 10 分鐘停止做題,專心驗算;重新檢討以往的考試,並製作易錯漢字清單。

寫下這 3 個項目後,仔細思考如何避免再犯相同的錯誤。這時,「靠幹勁克服」或「加油」這類「單靠毅力就能解決難題」的論調是無效的。關鍵是要進行徹底分析,並且有意識地避免重複犯同樣的錯誤。

將錯誤分為 3 種類型

在實踐「蒐集錯誤學習法」時,建議將錯誤分為 3 種類型。當無法解出題目時,基本上可以歸類為以下 3 種情況:

❶ **知識不足**:基礎知識不夠完整(忘記應該記住的內容)。
❷ **練習不足**:不清楚如何應用知識(缺乏足夠的練習經驗)。
❸ **失誤疏漏**:考試當下發生的錯誤(如考試時間不夠用、粗心犯錯等)。

換句話說，錯誤大致可以分為 3 種類型：只是單純缺乏知識、雖然有知識但缺乏練習而解不出來，以及考試時間不足等導致的失誤。如果是知識不足，就需要加強學習；如果是練習不足，則需要增加練習次數；如果經常在考試時犯錯，就應該進行模擬考試的練習。學習時記得保持這樣的心態！

感想與建議！

東大生在練習模擬考或考古題時，會運用這種「蒐集錯誤學習法」。對於知識不足的科目或領域，他們會進行「知識輸入」來加強學習；對於練習不足的科目或領域，則會進行「解題練習」的學習；而對於容易失誤的科目或領域，則會在與正式考試相同的環境下進行練習，幫助自己適應考試氛圍。

推薦書籍

- 三西岡壱誠・著，日向水色・繪，《マンガでわかる東大勉強法》（暫譯：從漫畫了解東大學習法），幻冬舍。
  這本書以漫畫形式呈現以實際運用的學習方法，內容涵蓋如何維持學習動力、設立目標與計畫、提升輸出能力的技巧，及各科目的應試攻略。

No. 06
原子筆學習法

用橡皮擦無法擦除的文具進行學習的方法

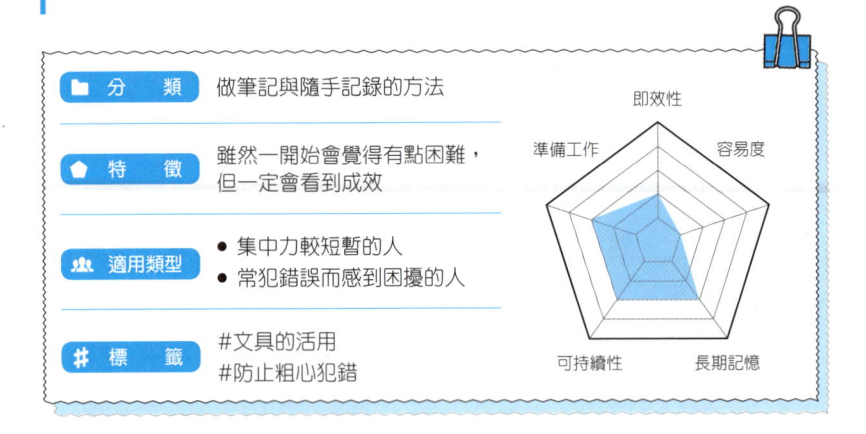

分　類	做筆記與隨手記錄的方法
特　徵	雖然一開始會覺得有點困難，但一定會看到成效
適用類型	● 集中力較短暫的人 ● 常犯錯誤而感到困擾的人
標　籤	#文具的活用 #防止粗心犯錯

雷達圖：即效性、容易度、長期記憶、可持續性、準備工作

作法

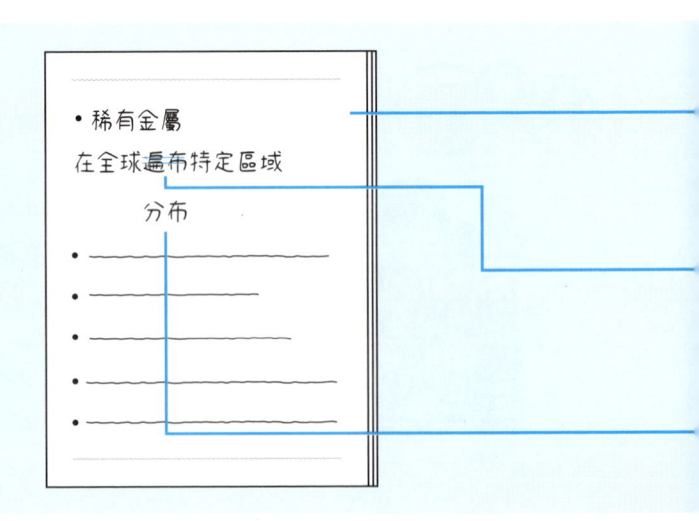

- 稀有金屬
在全球遍布特定區域
　　分布
- ＿＿＿＿＿＿
- ＿＿＿＿＿＿
- ＿＿＿＿＿＿
- ＿＿＿＿＿＿
- ＿＿＿＿＿＿

原子筆學習法是指刻意不使用像自動鉛筆或鉛筆這種可以用橡皮擦擦掉字跡的文具，而選擇原子筆進行學習的方法。

大多數人應該都習慣用自動鉛筆做筆記或隨手記錄。自動鉛筆的優點是，如果寫錯了或字跡不清楚，可以用橡皮擦輕鬆擦掉。不過，使用原子筆就不一樣了，寫錯的話就得用修正帶或修正液來修改，這樣會比較麻煩。原子筆學習法就是**刻意用原子筆來學習，這樣可以有效提升集中力和注意力**。

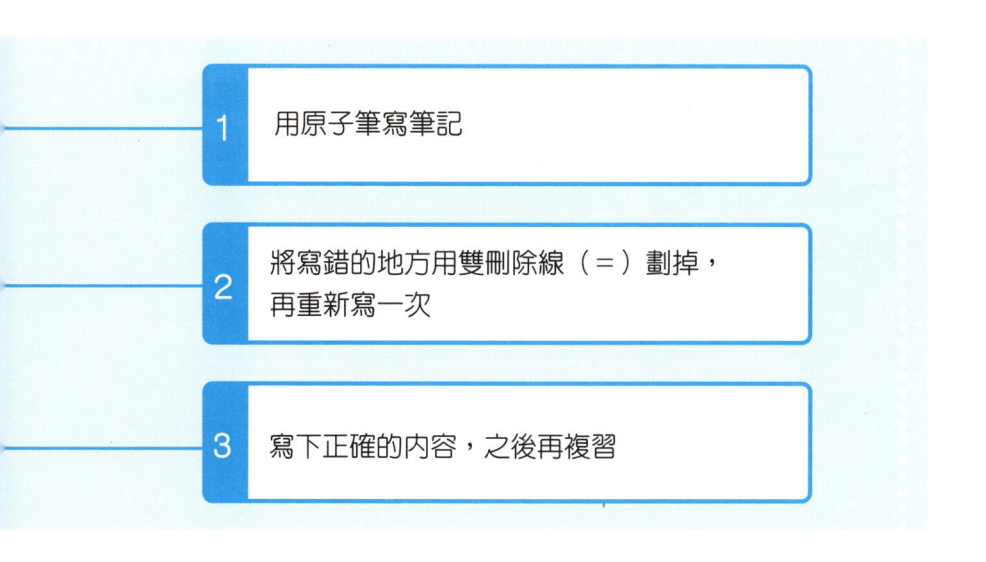

1　用原子筆寫筆記

2　將寫錯的地方用雙刪除線（＝）劃掉，再重新寫一次

3　寫下正確的內容，之後再複習

無法輕易擦掉的原子筆帶來的意外效果

原子筆的筆跡無法輕易擦掉，因此它能讓我們更清楚地理解自己犯錯的地方。

以數學為例來說明。當你在計算時，發現自己中途犯了錯，如果使用的是自動鉛筆，你可能會擦掉計算錯誤的地方。但這其實是非常可惜的行為。因為一旦擦掉，當你之後回頭看筆記時，就無法知道自己到底是哪裡出錯，也無法理解自己為何會犯錯。其他科目也是如此。舉例來說，原本日文應該寫「偏在」（意指特定區域分布），卻錯寫成「遍在」（意指遍布），如果不擦掉，你就能記得自己在這裡出錯。

錯誤的地方是重要的資訊

換句話說，**「自己弄錯的地方」其實是非常重要的資訊**。

使用原子筆時，寫錯了也無法擦掉，這樣錯誤就會被留下來。此外，省去用橡皮擦逐一修正的步驟，也可以節省時間。而且，由於「寫錯就無法用橡皮擦擦掉」這種緊張感，會讓人在使用原子筆時比用自動鉛筆更加專心。因此，使用原子筆具有很大的優勢。

至於原子筆的顏色，基本上沒有限制，但據說相較於黑色，使用藍色更能有效提升專注力。

> 📝 **感想與建議！**
>
> 原子筆學習法其實比想像中的還要難。一開始不習慣的時候，可能會因為怕寫錯而寫不好，或是在意寫錯的地方，反而影響學習進度。不過，如果能克服這個階段，甚至有人覺得用原子筆反而更容易學習。請務必體驗看看那種「無法擦掉」所帶來的緊張感！

推薦書籍

- 西岡壱誠・著，《「思考」が整う東大ノート》（暫譯：讓思考更有條理的東大筆記），Diamond 社。
  這本書介紹了一些能夠幫助整理資訊、加深理解並能清楚表達的筆記方法。

No. 07
情緒關聯學習法

根據情緒調整字體大小的筆記技巧

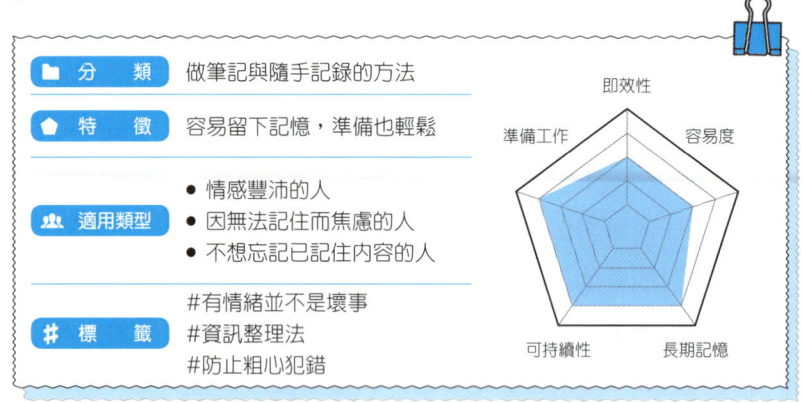

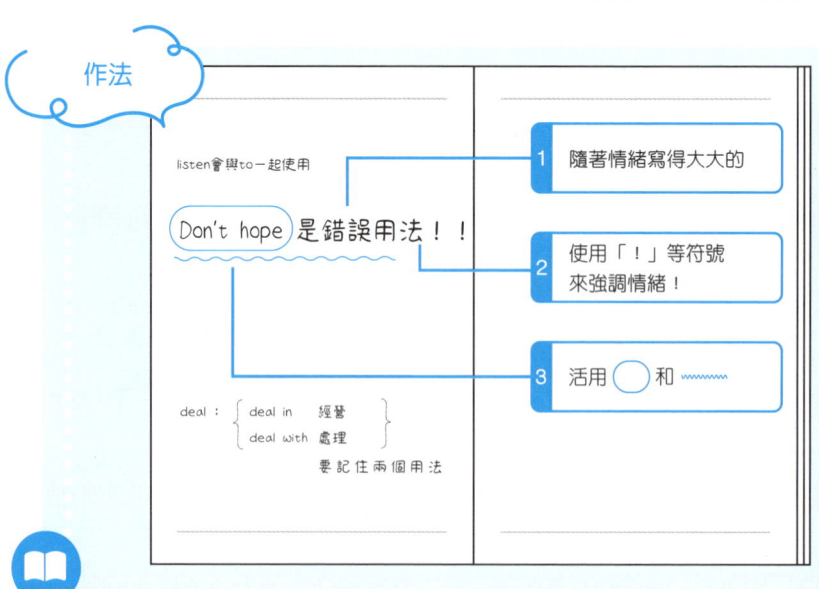

分　類	做筆記與隨手記錄的方法
特　徵	容易留下記憶，準備也輕鬆
適用類型	● 情感豐沛的人 ● 因無法記住而焦慮的人 ● 不想忘記已記住內容的人
標　籤	#有情緒並不是壞事 #資訊整理法 #防止粗心犯錯

即效性　容易度　長期記憶　可持續性　準備工作

作法

listen會與to一起使用

Don't hope 是錯誤用法！！

deal：{ deal in　經營
deal with　處理 }
要記住兩個用法

1. 隨著情緒寫得大大的
2. 使用「！」等符號來強調情緒！
3. 活用 ○ 和 ～～～

44　情緒關聯學習法

情緒關聯學習法是在做筆記或閱讀教科書、參考書時,根據當下的情緒來調整文字大小和顏色用法來進行學習。一般認為,做筆記時,我們會以邏輯性且不帶情感的方式來書寫,但根據大腦的某些作用,**與情緒相關的事物通常更容易記住**。大腦負責記憶的區域是海馬迴,而海馬迴附近有一個控制情緒的杏仁核,據說情緒與記憶之間會互相影響。人們通常容易記住感人的故事,而對於那些讓人感到憤怒的錯誤則較難忘記。

對於那些不自覺引發憤怒的事情,可以將情緒與學習內容結合來進行書寫,例如使用較大的字體,並搭配更多顏色或加以強調,像是寫上「下次一定不會再錯!!」。

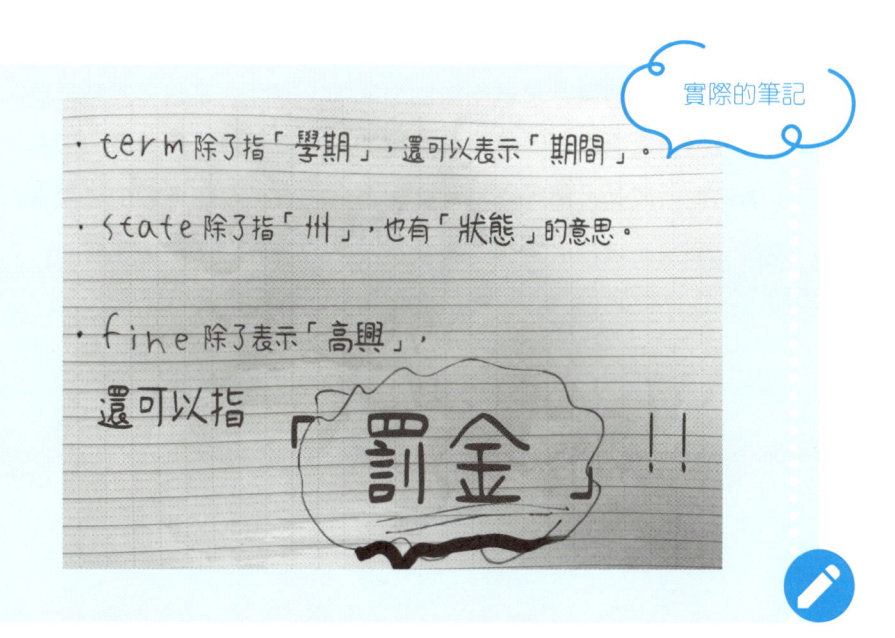

實際的筆記

- term 除了指「學期」,還可以表示「期間」。
- state 除了指「州」,也有「狀態」的意思。
- fine 除了表示「高興」,還可以指「罰金」!!

情緒與記憶息息相關

　　情緒關聯學習法最能發揮效用的時機，是在複習考試內容時。例如，在回顧考試中答錯的單字時，要認真地對自己生氣：「怎麼會在這種地方犯錯！」當你真心為自己的失誤感到憤怒時，下次就不會再犯同樣的錯誤。此外，如果能把這股憤怒寫在筆記上，之後再複習時，便會再次回想起那時的情緒，進而提醒自己：「絕對不能再犯同樣的錯誤！」如此一來，記憶將更加深刻，不易遺忘。

　　尤其是如果能搭配 P36 介紹的「蒐集錯誤學習法」，在錯誤筆記本中記下當時的情緒，效果將會更加顯著。

將詞彙與回憶連結起來

　　同樣地，**如果能將詞彙與學習過程中的回憶連結，就更不容易忘記**。例如，某個單字是老師特別強調的，或是對某個字的發音感到有趣，甚至是邊學習邊吃零食感到開心，無論是什麼情境，只要當下情緒有所波動，都應該特別強調這個詞彙。有些東大生甚至會在學習某個單字時，在筆記上畫下當時吃的零食。比起枯燥無味的筆記，製作一份充滿個人特色、情感豐富的筆記會更具意義。

📝 感想與建議！

不僅是做筆記，對自己來說重要的事項，也可以寫在參考書或教科書上，或用筆加強標註。此外，解完模擬考或考古題後，對於答錯的題目，可以在試卷或答案紙上大大地寫上「這裡錯了！」或「這是我的弱點！」這樣一來，下次回顧時就不會錯過這些重點，也能意識到「標註得這麼明顯，表示它真的很重要」。

推薦書籍

- 西岡壱誠．著，《東大モチベーション》（暫譯：東大學習動力），KANKI 出版。
  這本書介紹了許多技巧，能幫助你從「總是難以持續學習」轉變為「能夠百分之百持續學習」。

02 鞏固記憶與複習的方法

在日常學習中,複習所學內容是不可或缺的。
接下來,將介紹幾種記憶法與複習法。

---

p.50

正字學習法

將自己尚未掌握的部分視覺化,藉此維持學習動力的記憶法

#適用於英文單字或記憶類型
#標註「正」字即可
#也可用來複習

---

p.54

迴針縫學習法

像縫紉時的迴針縫一樣,透過反覆學習來強化記憶

#即使是懶人也能輕鬆實行
#適用於記憶類型
#非常適合複習

---

p.58

30秒快記學習法

檢驗自己是否能迅速想到答案的瞬間反應力學習法

#鍛鍊瞬間反應力
#非常適合複習
#可以有效率地學習

---

p.62

白紙學習法

每天將自己學習的內容重現於白紙上的學習法

#只需要紙和筆
#非常適合複習
#堅持就是力量

發現！

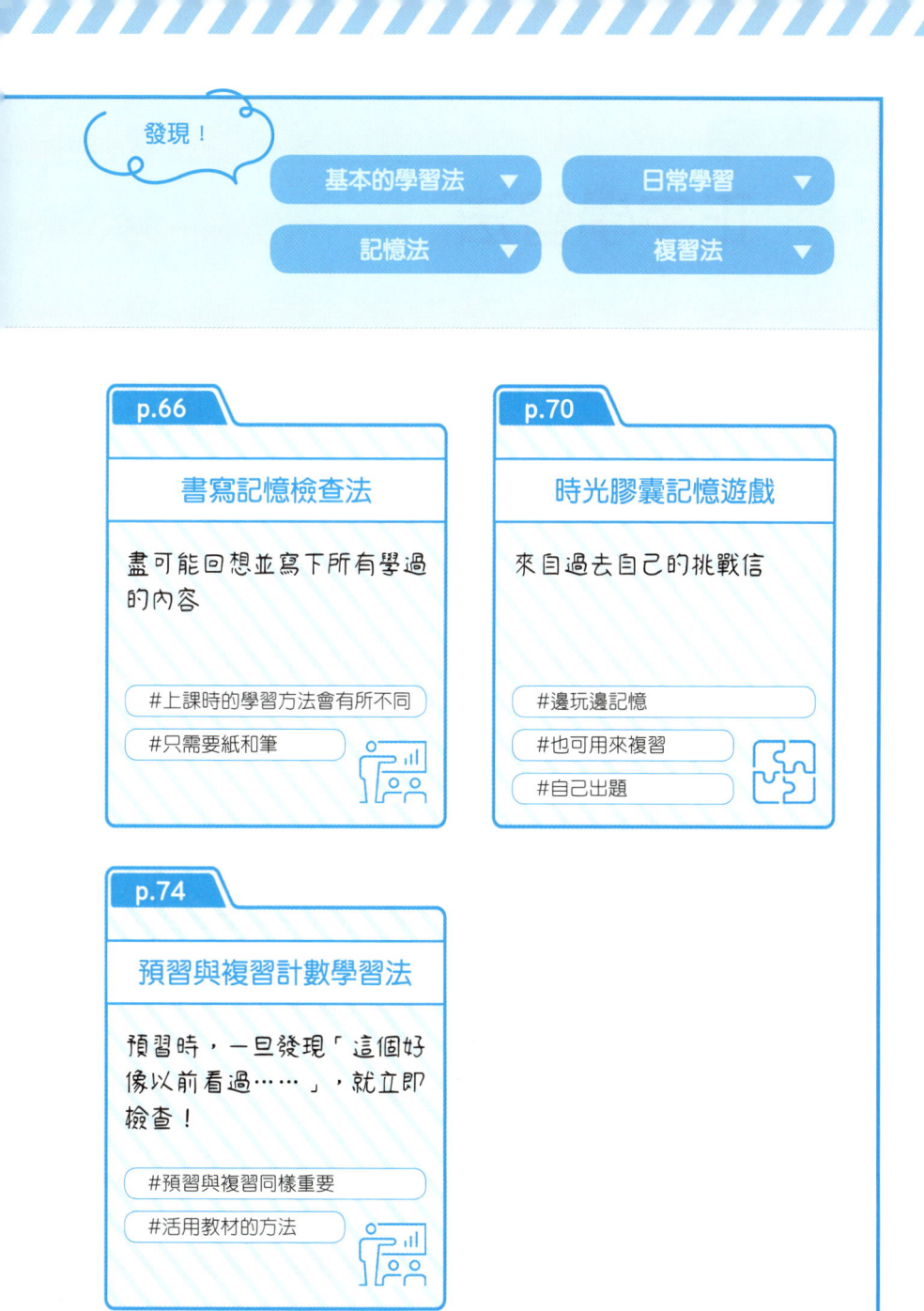

[基本的學習法 ▼]　[日常學習 ▼]

[記憶法 ▼]　[複習法 ▼]

---

p.66

書寫記憶檢查法

盡可能回想並寫下所有學過的內容

\#上課時的學習方法會有所不同

\#只需要紙和筆

---

p.70

時光膠囊記憶遊戲

來自過去自己的挑戰信

\#邊玩邊記憶

\#也可用來複習

\#自己出題

---

p.74

預習與複習計數學習法

預習時，一旦發現「這個好像以前看過……」，就立即檢查！

\#預習與複習同樣重要

\#活用教材的方法

CHAPTER 1　基本的學習法　49

No. 08

正字學習法

將自己尚未掌握的部分視覺化，藉此維持學習動力的記憶法

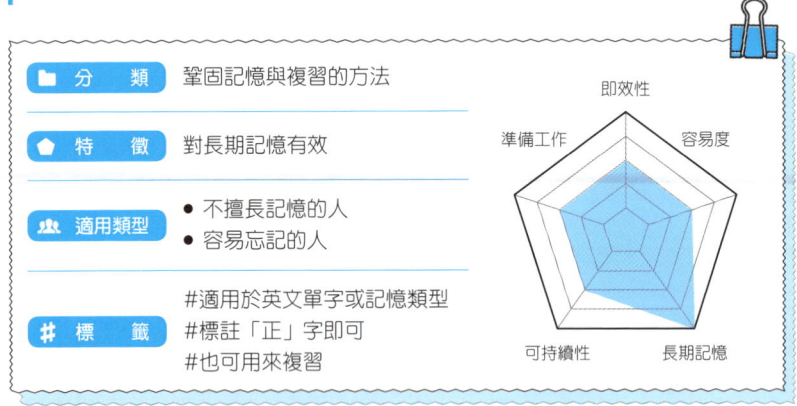

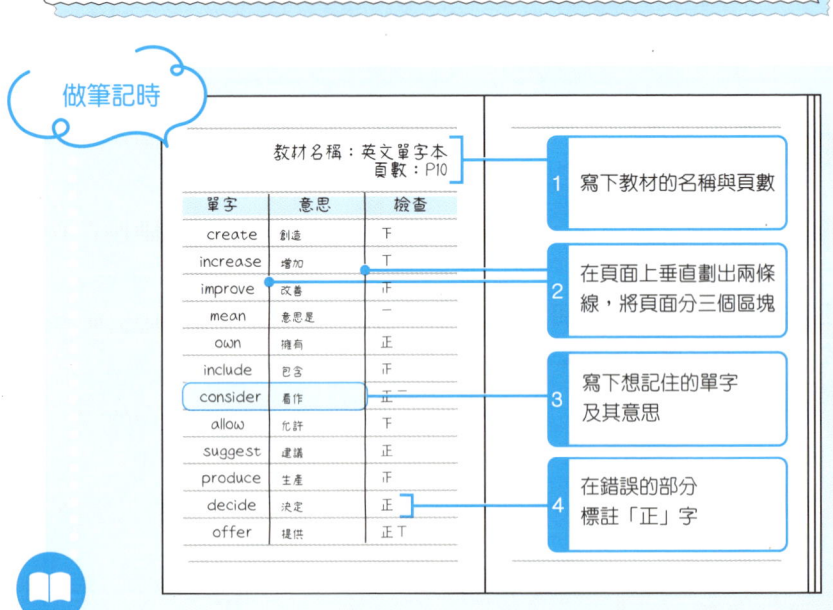

分類	鞏固記憶與複習的方法
特徵	對長期記憶有效
適用類型	● 不擅長記憶的人 ● 容易忘記的人
標籤	#適用於英文單字或記憶類型 #標註「正」字即可 #也可用來複習

雷達圖：即效性、容易度、長期記憶、可持續性、準備工作

做筆記時

教材名稱：英文單字本
頁數：P10

單字	意思	檢查
create	創造	下
increase	增加	T
improve	改善	下
mean	意思是	一
own	擁有	正
include	包含	下
consider	看作	正一
allow	允許	下
suggest	建議	正
produce	生產	下
decide	決定	正
offer	提供	正T

1. 寫下教材的名稱與頁數
2. 在頁面上垂直劃出兩條線，將頁面分三個區塊
3. 寫下想記住的單字及其意思
4. 在錯誤的部分標註「正」字

50　正字學習法

正字學習法是指在筆記本或單字本上，**對於那些無法解答或不熟悉的部分標註「正」字的**學習法。這種方法特別適合那些不擅長記憶、總是記不住單字或是「容易忘記」的人。

一般主要用於學習英文單字或記憶專有名詞等，需要反覆複習才能鞏固記憶的學習內容。

「正」字標註的數量越多，就代表需要更多的複習。這樣一來，就能輕鬆識別哪些單字不會，或是哪些題目還解不出來，因此非常有效。

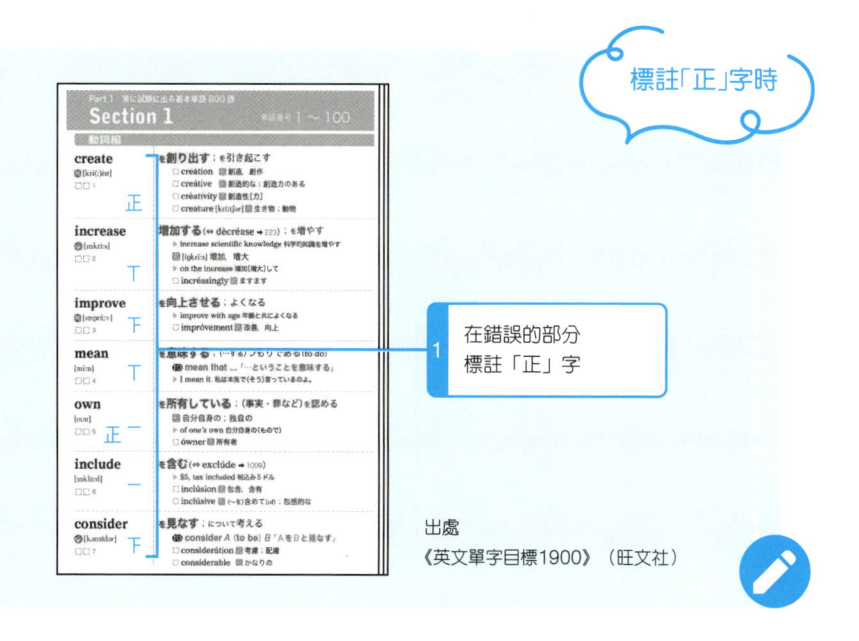

標註「正」字時

1 在錯誤的部分標註「正」字

出處
《英文單字目標1900》（旺文社）

「計算自己忘了幾次」其實是有意義的

在記憶的過程中，最讓人感到痛苦的，應該是無法清楚感受到「學習成果的累積」。

即使曾經牢記某個內容，之後還是會不小心忘記，這種情況並不少見。因此，複習變得格外重要。如果上週學過的內容這週沒有再複習，其實很難真正記住。然而，相較於其他學習方法，許多人可能會覺得這樣的過程只是原地踏步。

但事實上，透過不斷「忘記再記住」的循環，知識才能深植於腦海中。因為一次的記憶無法讓我們完全記住，所以需要反覆學習多次。因此，「記住一次就忘了」和「記住 5 次還是忘記」，這兩者的意義其實大不相同。一般來說，**經過 5 到 7 次的遺忘與再記憶循環，才能真正達到不容易忘記的狀態**。因此，在這 5 到 7 次的過程中，我們需要毅力堅持下去。同樣是「忘記」，但是否能抱持這種毅力去實踐，最終的結果就會截然不同。而在這個過程中，最能發揮效用的方法之一，就是「正字學習法」。

這個方法可以讓你「計算自己忘了幾次」，而且這麼做是有其意義的。透過檢查自己目前忘記的次數，**能夠感受到記憶學習「穩步前進」，進而維持學習動力。**

當學習進展到一定程度時

請在筆記本上預留空間來標註「正」字。建議每天回顧一次左右即可。此外，挑選出標註正字較多的部分，製作成另一份清單，也是一個有效的方法。

> 📝 **感想與建議！**
>
> 除了在筆記本上預留空間標註「正」字外，直接在單字本上標註「正」字也是一個非常推薦的方法。像是東大生就會利用這種特殊的筆記本，反覆練習多次。而且他們會在這個基礎上不斷擴充單字清單。大家也可以試試看這種做法。

推薦書籍

- 片山湧斗・著，《天才の思考回路をコピーする方法》（暫譯：模仿天才的思考模式的方法），日本能率協會 Management Center。
  本書針對整理、記憶、理解、進度管理等主題，詳細介紹筆記的製作方法與豐富的範例。

No. 09 迴針縫學習法

像縫紉時的迴針縫一樣,透過反覆學習來強化記憶

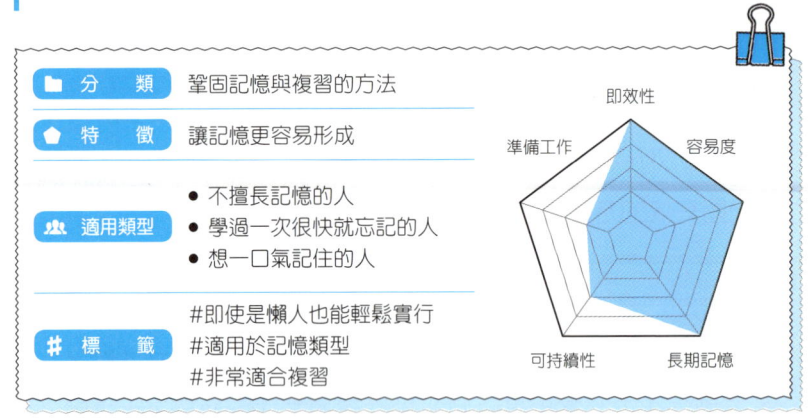

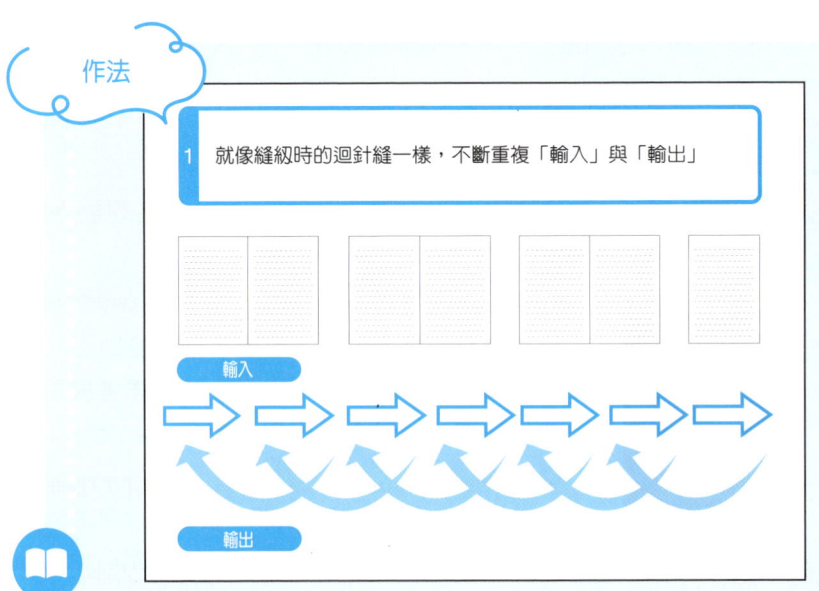

分類	鞏固記憶與複習的方法
特徵	讓記憶更容易形成
適用類型	● 不擅長記憶的人 ● 學過一次很快就忘記的人 ● 想一口氣記住的人
標籤	#即使是懶人也能輕鬆實行 #適用於記憶類型 #非常適合複習

雷達圖軸:即效性、容易度、長期記憶、可持續性、準備工作

作法

1. 就像縫紉時的迴針縫一樣,不斷重複「輸入」與「輸出」

輸入 → 輸出

54　迴針縫學習法

大家知道「迴針縫」嗎？這是一種縫紉技巧，在縫製過程中，會沿著已經縫好的部分反方向再縫一次，以加強縫線的牢固度。一般來說，有效的記憶方法強調的是重複的次數，而非單次記憶的品質。與其慢慢、仔細地記住所有內容，**不如即使只是大略瀏覽，也要多次回顧整體，增加重複次數**，藉此建立一道防止遺忘的防線。抱持這樣的概念來學習，記憶自然會更加牢固。

這時我們可以運用迴針縫式學習法。在進入下一個事項之前，先回顧並確認前面的內容，這樣就能同時進行防止遺忘的測驗與複習。以測驗的時機來說，因為已經體驗過其他事項，因此能發揮更好的效果。只要在平常的記憶過程中稍微多花點心思，就能達到無法比擬的優質記憶效果。

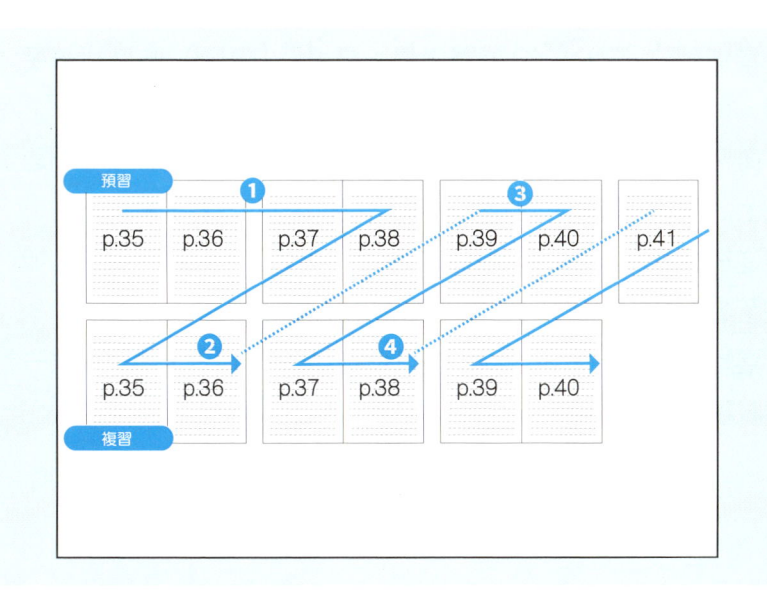

CHAPTER 1　基本的學習法

迴針縫學習法的具體方法

這種記憶方法非常簡單，在平時的記憶過程中只需要多加一個小步驟。這個步驟就是：「**當你記完某一頁內容後，回到前一頁進行理解測驗**」。

舉例來說，假設你正在背誦 P37～38 的單字，且已經差不多記熟了。一般情況下，你可能會想：「好，繼續往下一頁吧！」但根據迴針縫學習法，這時應該先回過頭來，也就是測驗自己是否記住 P35～36 的所有單字。

測驗時，盡量避免讓自己看到回顧頁面的單字內容。測驗的目的只是確認自己的記憶程度，因此不要看答案。此外，如果有記錯的單字，也要做記號，這樣日後可以加強記憶。

測驗結束後，翻到後面兩頁，也就是 P39～40，繼續進行記憶練習。由於 P37～38 應該已經牢記在心，因此不再重複提及。當你記住 P39～40 的單字後，再翻回 P37～38 進行單字測驗。重複這個過程，直到你完成預定的背誦範圍。

雖然這裡以單字記憶為例，但這種方法也能應用在數學等問題練習上。解完問題後，回到前一頁，在腦中回想該頁的解題方法。如果能在腦海中浮現出解法的大概脈絡，就表示你已經理解了。如果完全想不出來，則表示你還無法解決那道題目。

這是最適合檢視自己記憶力和理解程度的學習法，建議大家一定要試試看。

感想與建議！

我曾經用迴針縫學習法來背英文單字。每天早上起床後，我會以 30 分鐘背 100 個單字的節奏進行學習。背完 100 個單字後，立刻再複習一次這 100 個單字。透過這種雙重的迴針縫學習，加強記憶效果。

「迴針縫」方法不僅適用於英文或數學，任何需要反覆練習的科目或考試都可以使用。請嘗試將這種方法應用到各種學習領域，並找出最適合自己的「迴針縫學習法」。

推薦書籍

- 清水章弘・著，《現役東大生がこっそりやっている、すごい！勉強のやり方》，PHP 研究所。
  這本書介紹了許多讓學習從「考驗」變成「樂趣」的訣竅。

※ 謝佳玲譯，《讀書考試快狠準：39 個東大生不敗學習法》，華文精典。

No. 10
30秒快記學習法

檢驗自己是否能迅速想到答案的瞬間反應力學習法

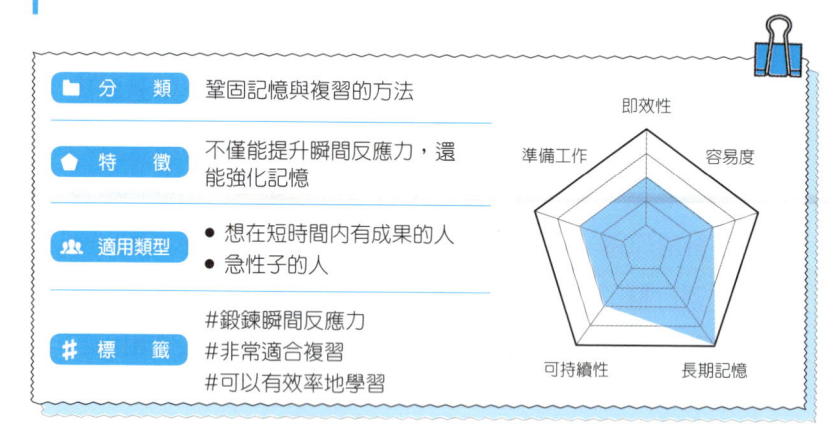

分類	鞏固記憶與複習的方法
特徵	不僅能提升瞬間反應力，還能強化記憶
適用類型	・想在短時間內有成果的人 ・急性子的人
標籤	#鍛鍊瞬間反應力 #非常適合複習 #可以有效率地學習

雷達圖：即效性、容易度、長期記憶、可持續性、準備工作

作法

STEP1
首先用30秒看題目，
確認自己能否想出答案！

STEP2
如果想不出來，
就立刻查看答案！

STEP3
看完答案後，
像要把答案立刻記住一樣，
反覆閱讀！

「30 秒快記學習法」顧名思義就是只花 30 秒的時間來確認問題的學習法。當然，這不只是單純的檢視，**在這 30 秒內，應該要確認自己是否能迅速想到答案**。

如果是單字或選擇題類型的問題，應該能夠很快作答。至於數學的長篇題目，則應該試著找出解題方向。

30 秒快記學習法非常適合用來複習。當你已經將所學內容牢牢記住，30 秒的時間應該就能浮現出答案或解題方向。相反地，如果對答案完全沒有頭緒，最後可能只是苦思 30 秒卻毫無收穫。

在短時間內發揮瞬間反應力並掌握答案，這是應考時必備的能力。為了鍛鍊這項能力，可以試著實行這個不浪費時間的 30 秒快記學習法。

1. 如果超過30秒就沒有效果，因此務必準確計時

2. 如果看了答案還是不懂，就代表知識不足，應該回到仔細閱讀解答的階段

30 秒快記學習法的具體方法

首先，準備好要複習的題目，然後檢視自己是否能在 30 秒內解答。如前所述，如果是單字或選擇題類型的問題，直接選出正確答案即可。如果是像數學長篇題目這種較長且複雜的問題，則要思考自己是否能掌握解題方向或線索。舉例來說，「這題需要將算式整理成 a 的形式，這樣就能看出它是一個關於 a 的二次方程式……」，如果能說出這些步驟，就算通過。相反地，如果完全不知道該怎麼做而愣住，表示對這個題目還不夠熟悉，應該回去仔細閱讀解答。

為什麼是 30 秒？

為什麼要使用 30 秒快記學習法？這是為了確認自己是否真正理解題目。**如果你真的理解題目，當你看到題目的瞬間，應該就能夠掌握解題方向**。如果無法立刻回答，代表你還沒有複習到能夠記住的程度。換句話說，就是複習還不夠徹底。

如果對每道題目的理解都敷衍了事，更不可能掌握整個範圍或單元的知識。那麼，如何判斷自己是否真的理解了呢？其中一個指標就是：能否在 30 秒內確立解題方向。不要依賴內心那種「好像懂了」或「好像不懂」的模糊印象或感覺，而是以數字為依據設立明確的指標，讓任何人都能透過具體的方式來評估理解的程度。

感想與建議！

　　許多東大生都曾實際嘗試過這種學習法。由於考生沒有足夠的時間解答每一道題目，因此他們透過這種方法來區分哪些題目需要複習，哪些可以跳過。尤其是數學題目，解題過程需要耗費大量時間，因此這種方法特別有效。即使是選擇題類型的問題，也要注意是否能夠有根據地選出正確答案。如果能選出對的選項，那麼也應該能清楚知道「沒有選的選項就是錯的」。那麼，為什麼這些選項會錯呢？在解題時，我們需要有充足的理由和信心來選擇正確答案。

推薦書籍

- 布施川天馬‧著，《東大式節約勉強法》（暫譯：東大式節省學習法），扶桑社。
  這本書介紹了許多具體的學習法，能幫助你以最短的路徑和最低的成本達成目標。

No. 11 白紙學習法

每天將自己學習的內容重現於白紙上的學習法

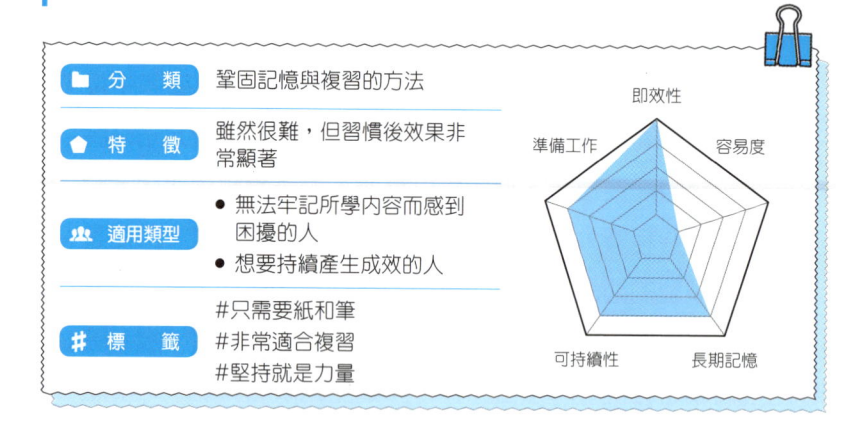

分類	鞏固記憶與複習的方法
特徵	雖然很難,但習慣後效果非常顯著
適用類型	• 無法牢記所學內容而感到困擾的人 • 想要持續產生成效的人
標籤	#只需要紙和筆 #非常適合複習 #堅持就是力量

雷達圖:即效性、容易度、長期記憶、可持續性、準備工作

作法

培里來航是在185?年(1853)
與哈里斯
簽訂了日美什麼什麼條約
(修好通商)

62 白紙學習法

白紙學習法是指準備一張白紙，**並在不參考任何資料的情況下，試著寫出自己學過的內容，藉此每天檢視自己對學習內容的記憶程度**。

無論是英文還是數學，都可以抱著「試著重現學過的東西！」的心態，每天在白紙上進行輸出。徹底執行這個方法，不僅能幫助複習，還能加深理解，同時評估記憶的牢記程度。

當你親自嘗試時，可能會發現準備在白紙上寫下內容時，會難以下筆。

這時你可能會感到驚訝：「原來我記不起來這麼多內容嗎？！」但無法在白紙上寫下來，正代表這些內容尚未深刻記在腦海中。

① 寫下自己記得的內容
▶ 大約花10分鐘，哪怕不太確定也沒關係，先盡量寫下來！

② 用紅字標註正確的部分
▶ 可以對照書本或筆記，確認自己忘記的部分

③ 如果效果不佳，就再挑戰一次
▶ 如果紅字超過一半，那就隔天再挑戰！

CHAPTER 1　基本的學習法

白紙學習法的具體方法

這個方法是在每天學習結束後進行的。準備一張白紙,開始進行練習。

STEP1　花 10 分鐘,寫下今天所學的內容

試著將自己寫的隨手記錄或筆記內容重新寫出來。有些部分或許記得很清楚,也有可能會忘記一些。首先不要查看任何資料,直接進行回顧與輸出。即使是模糊的記憶,或完全忘記的部分,也要一併寫下來。

例如:「有一個叫做什麼法則的,應該是這個意思吧,但可能不對」,像這樣把記得的部分和忘記的部分都寫出來。

STEP2　再花 10 分鐘對照書本和筆記,用紅字修正錯誤的部分

這次可以參考筆記或隨手做的記錄,仔細確認自己忘記的部分。當你發現正確內容時,像是「啊!是麥拉賓法則!」,就像在自己寫的內容上畫圈一樣,用紅字修正錯誤的部分。

STEP3　效果不佳的部分,隔天再挑戰一次

如果紅字標註的部分超過 50%,隔天就要再挑戰一次。剛開始時可能不太順利,但最終你將能夠相當精確地重現所學內容。

持續進行白紙學習法,你能夠寫出的內容會越來越多。這並不是因為記憶力變強了,而是因為「總有一天會需要輸出!」這個意識提升了學習的品質。請務必利用這個方法來提升學習的品質。

> **感想與建議！**
>
> 實際執行時，無論是哪一科目，都很難做到全面實踐，因此建議集中精力在某一科目或領域上進行。例如，可以選擇在學習英文的那天結束時進行回顧，如果覺得「無法那麼頻繁進行」，也可以設定在一週中的固定時間來做。持續的輸出對學習有正面影響，這正是「白紙學習法」的核心理念，因此持之以恆才有意義。若無法持續實踐，這樣的做法就沒有太大意義，所以請依照自己能持續的步調來嘗試。

推薦書籍

- 棚田健大郎・著，《大量に覚えて絶対忘れない「紙1枚」勉強法》，Diamond 社。
  這本書清楚解釋了大量記憶並且不易遺忘的機制，例如一張紙就做到的「不易遺忘的大量記憶法」。

※ 彭琬婷譯，《制霸考場！1張紙最強記憶學習法：檢定考用書暢銷 TOP1，升學考、國考、證照檢定都適用！利用「記憶週期」分配複習頻率，打造「記住海量資訊」的致勝學霸腦》，財經傳訊。

No. 12 書寫記憶檢查法

> 盡可能回想並寫下所有學過的內容

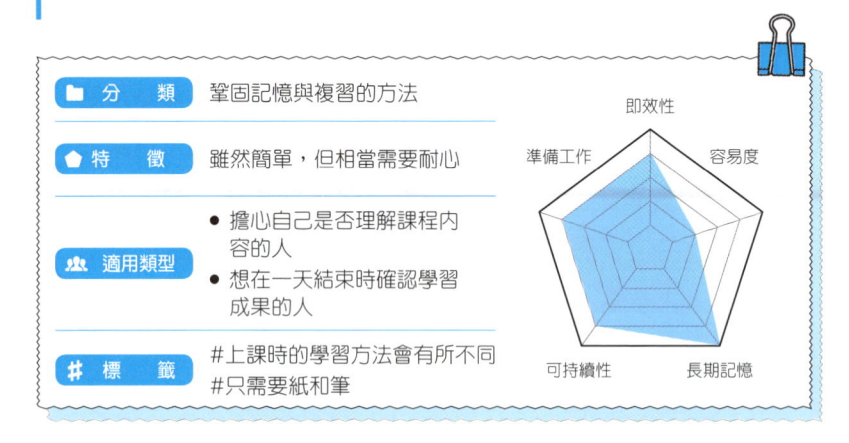

分類	鞏固記憶與複習的方法
特徵	雖然簡單，但相當需要耐心
適用類型	● 擔心自己是否理解課程內容的人 ● 想在一天結束時確認學習成果的人
標籤	#上課時的學習方法會有所不同 #只需要紙和筆

雷達圖項目：即效性、容易度、長期記憶、可持續性、準備工作

作法

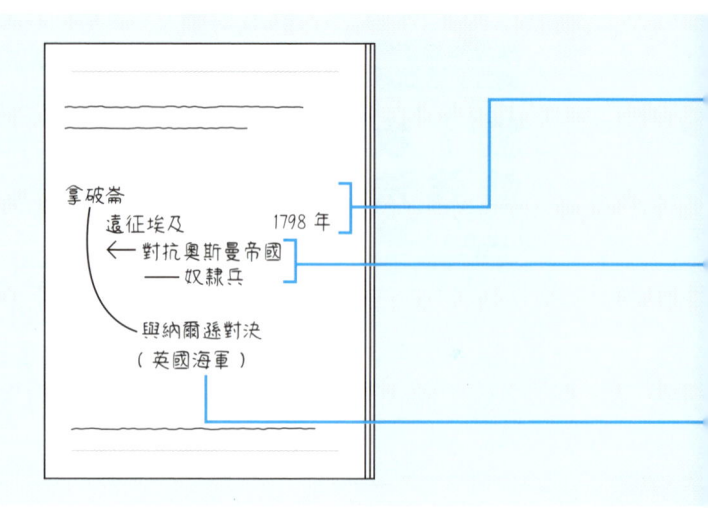

筆記範例：
- 拿破崙
  - 遠征埃及　1798年
  - ← 對抗奧斯曼帝國
    ── 奴隸兵
  - 與納爾遜對決（英國海軍）

66　書寫記憶檢查法

書寫記憶檢查法是一種透過回顧課程或教科書內容，**將記得的事項不斷寫在紙上的複習方法**。藉由回想並寫下所學的內容，不僅能夠鞏固記憶，還能找出自己理解較為薄弱的部分。此外，這種方法的特點是，只需要一張白紙和一支筆就能輕鬆進行。。

　　然而，如果完全無法回想起內容，這種方法就難以實行。因此，建議不要間隔太久，最好在學習後的一週內開始進行。

　　如果是需要寫下大量內容的課程或教科書，表示它們的資訊量大且內容扎實。學習內容多，讓人覺得「辛苦」的課程，正是能讓你獲得豐富知識的「好課程」。只要不放棄，持續努力，最終一定會帶來成果。

1　寫下關鍵字

2　用「→」或「─將相關內容連接起來」

3　回想起更多內容時，使用（　）補充

CHAPTER 1　基本的學習法　　67

書寫記憶檢查法的具體方法

首先，準備一張白紙和一支筆。接著，選擇你想檢查理解和記憶程度的課程或教科書，並回想其中的內容，將它寫在紙上。在這個過程中，禁止查看任何資料，只能依靠自己的記憶，試著重現課程或教科書的內容。

雖說要寫出內容，但並不需要完全背出課堂中的筆記或教科書的文字。一開始可以先以單字條列式的方式，寫下你回想起來的部分。如果想起詳細的解釋或細節，可以在相應的單字旁邊補充，或是用線將相關的單字連接起來，將重點和細節都寫出來。

提高重現度的祕訣

提高重現度的祕訣是從**一個事項聯想到其它相關的內容**。舉例來說，當我們想到「聖德太子派遣小野妹子作為遣隋使」這件事時，就可以進一步聯想到「那是西元幾年發生的？」「遣隋使之後發生了什麼呢？還有遣唐使吧？」「當時中國是隋朝啊。那是怎樣的一個王朝？」像這樣一個接一個地聯想到相關的知識。

如果覺得自己已經將課程或教科書中記得的內容都寫下來了，那就拿出筆記或教科書，對照看看自己寫下的部分。即使發現自己記得的並不多，也不需要因此感到沮喪。只要能清楚找出自己記不起來的部分，就可以針對那些部分進行重點複習，這樣便能提高複習的效率。

> 📝 **感想與建議！**

當你習慣了「書寫記憶檢查法」，接下來可以嘗試以「稍後會進行書寫記憶檢查」為前提來學習新內容。

為了讓自己之後更容易回想，這樣的過程不僅是單純地接收資訊，而是要有意識地區分哪些資訊比較重要，同時找出事物之間的關聯性，藉此加深印象，幫助記憶。如此一來，當你在上課或翻閱教科書時，學習態度和方式都會和以前大不相同。

推薦書籍

- 高島徹治・著，《すごい「勉強法」 読む・書く・覚える 短時間のやり方》（暫譯：驚人「學習法」：讀、寫、記憶 短時間內的學習方式），三笠書房（知識生活文庫）。
這本書彙整了「一旦學會的東西絕對不會忘記」、「最短時間內達成最強記憶力的方法」等內容。

No. 13
時光膠囊記憶遊戲

來自過去自己的挑戰信

分　類	鞏固記憶與複習的方法	
特　徵	雖然需要耗費時間與精力，但對長期記憶效果極佳	
適用類型	● 幾天後就會忘記的人 ● 想確認自己知識的人 ● 想將記憶融入日常學習循環的人	
標　籤	#邊玩邊記憶 #也可用來複習 #自己出題	

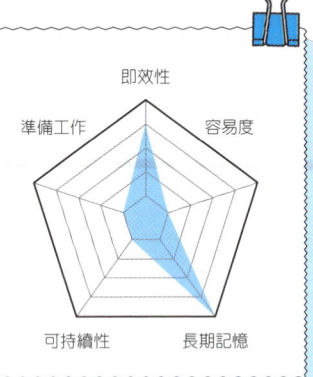

雷達圖軸：即效性、容易度、長期記憶、可持續性、準備工作

作法

STEP1
首先自己出題！
盡量設計
自己可能會錯的題目

1. 可以完全不記得出過什麼題目

STEP2
放置3天，
不要再看這些題目

2. 不是滿分就不算合格
必須認真學習，
確保能夠拿到滿分！

STEP3
3天後
再回顧這些題目，
確認自己能否拿到滿分！

在背誦單字本或參考書時,最重要的是「不忘記已經背過的內容」,也就是「鞏固記憶」。因為人天生容易遺忘,即使一天內努力記住了 100 個單字,3 天後還是會遺忘大部分內容。

要檢查自己是否忘記了背過的東西,其實是一項相當繁瑣的工作。所謂的「時光膠囊記憶遊戲」,就是**當你「以為自己已經記住」某些知識時,幾天後再回頭重新檢視這些內容。**

背完後可以先設計 20 道測驗題,並將其保存在自己的「時光膠囊」中。3 天後再打開這些題目,看看自己是否能順利解答,這樣就能有效檢驗自己是否真的把背過的內容牢牢記住了。

實際的筆記

(1) 請回答「subject」的三個意思。
＿＿＿、＿＿＿、＿＿＿

(2) 請寫出與「darkness(名詞)黑暗」相關的單字。
＿＿＿(形容詞)昏暗

(3) 請說明「share A with B」的意思。
與B一起分享A

(4) 請選出下列單字中正確的詞語。
(A)、knowlede (B)、knowladge (C)、knowlebge

(5) 請寫出表示「期間、用語、條件」意思的單字。
＿＿＿、＿＿＿

(6) 請寫出「press」除了作為「(動詞)按、壓」之外的意思。
、(名詞)＿＿＿

(7) 請寫出「figure」的意思。
、(名詞)身影

基本的學習方法

首先，準備好要背誦的參考書或單字本，並劃分學習範圍，設定明確目標。例如可以設定參考書 5 頁，單字本 100 個單字等，限定範圍後專心背誦。大致背完該範圍後，設計 20 道測驗題：這些題目可以是問答題、填空題或選擇題等，要假設未來的自己會來解這些題目，並挑選出那些 3 天後可能會忘記的內容來出題。

將製作好的測驗題複製一份，放在不容易看到的地方，當作「時光膠囊」，在保存期間絕對不能查看。製作測驗題後，接下來的兩天要專心「準備測驗」，複習參考書或單字本的相關範圍，確保已經背熟的部分不會遺忘。

到了第三天，停止複習，並打開「時光膠囊」，開始進行測驗。此時，你要認真與 3 天前的自己對決。如果測驗沒有拿到滿分，表示這兩天的背誦還不夠充分。遇到這種情況時，請重新背誦該範圍的內容，並在隔天再進行一次相同的測驗。直到能夠拿到滿分為止，不斷重複這個過程。

同時進行多個範圍的方法

習慣之後，可以嘗試同時進行多範圍學習。例如，第一天先從單字本的 5 頁內容設計測驗題並保存；第二天複習前一天的範圍，同時背誦接下來的 5 頁，並設計新一輪的測驗題。第三天則複習前兩天學過的內容，並背誦接下來的 5 頁，設計新的測驗題。到了第四天，可以從「時光膠囊」中取出第一天的測驗題進行檢視和測驗。之後持續進行這樣的循環，便能不斷拓展記憶範圍。

> 📝 **感想與建議！**
>
> 實際執行後,你會發現明明是自己設計的題目,卻還是答不出來。這其實是很正常的,因為這些題目正是你認為困難的部分,對你來說,就像是「充滿弱點的測驗題目」。正因為如此,這樣的方式對背誦會產生很大的效果。可以說,光是這一點,就足以讓人順利應對記憶類型的科目與考試。

推薦書籍

- 西岡壱誠・著,《現役東大生が教える 「ゲーム式」暗記術》(暫譯:現役東大生傳授的「遊戲式」記憶法),Diamond 社。
  這本書介紹了許多可以透過遊戲方式輕鬆自學的記憶方法。

No. 14
預習與複習計數學習法

預習時,一旦發現「這個好像以前看過……」,就立即檢查!

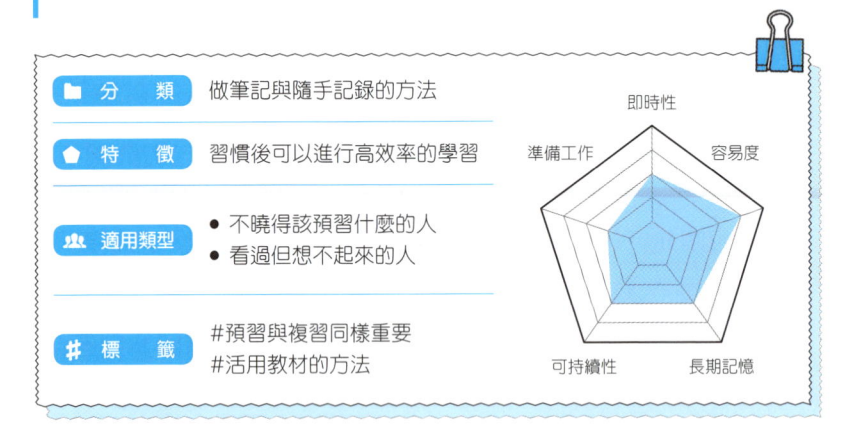

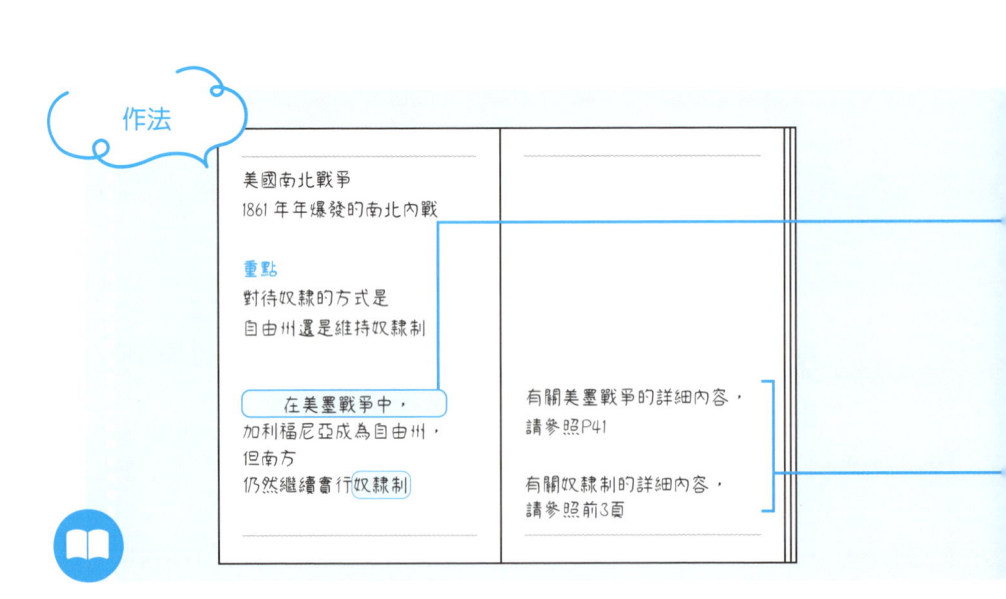

分類	做筆記與隨手記錄的方法
特徵	習慣後可以進行高效率的學習
適用類型	● 不曉得該預習什麼的人 ● 看過但想不起來的人
標籤	#預習與複習同樣重要 #活用教材的方法

雷達圖軸:即時性、容易度、長期記憶、可持續性、準備工作

作法

美國南北戰爭
1861年年爆發的南北內戰

重點
對待奴隸的方式是
自由州還是維持奴隸制

在美墨戰爭中,
加利福尼亞成為自由州,
但南方
仍然繼續實行奴隸制

有關美墨戰爭的詳細內容,
請參照P41

有關奴隸制的詳細內容,
請參照前3頁

74　預習與複習計數學習法

在學習過程中，常常聽到「預習很重要」這句話。但實際上，可能很多人會想：「預習到底該做些什麼？」這裡要介紹的學習法，是利用已經解過的「複習教材」為線索，來進行「預習教材」的學習。

預習時，如果無法理解，通常是因為遇到的是尚未學過的「未知資訊」。然而，如果能夠以已經學過的內容為線索，找出「未知資訊中的已知部分」，那麼預習和複習的準確性就能大幅提升。這樣的學習方式不是從零開始學習新事物，而是將已經掌握的知識和新的內容結合起來理解，這樣在預習階段就能理解更多內容，效果也會更好。

1 在預習過程中，
找出新內容與前面學過的項目之間的**關聯**

2 指定頁數或位置，
讓自己清楚該在哪些部分進行複習

具體的學習方法

首先，準備 2 本來自同一領域的教材，一本是「預習教材」，另一本是「複習教材」。這些教材可以是單字本、術語集，或者是教科書、參考書，任何教材都可以使用。如果手邊有一本已經讀到一半的單字本，可以將「未讀的部分當作預習，已讀的部分當作複習」來進行。

準備好後，先從「預習教材」開始學習。在預習過程中，如果發現與「複習教材」中有關聯的內容，隨時可以翻回「複習教材」來複習。例如，當你想到「這個意思類似的單字之前好像有看過……」或是「這位歷史人物是不是在前一頁也出現過？」遇到這種情況時，就可以馬上回頭再複習一次。

回顧「複習教材」時，將其中的相關內容及對應頁數標註在「預習教材」中。

計算重讀的次數

以這種方式學習「預習教材」時，同時也要計算「複習教材」的重讀次數。一開始的目標是每小時重讀 7 次，並在過程中確認相關知識，盡量多讀幾次「複習教材」。習慣後，將目標提升到 10 次，對於已經相當熟練的人來說，目標可以提升到 15 次以上。

> **感想與建議!**
>
> 學完「預習教材」後,接下來應將其轉換為「複習教材」,並與準備好的「新預習教材」一起進行複習。這時,如果能以預習時寫下的相關事項為線索,便能將之前複習過的內容與新的預習內容相互連結。為了增加學習量而縮短複習時間是本末倒置的做法。學習時應該「盡量回想相關事項」,這方面要多加注意。

推薦書籍

- 西岡壱誠・著,《東大式スマホ勉強術》(暫譯:東大式智慧型手機學習法),文藝春秋。
 這本書介紹了許多運用智慧型手機進行高效率學習的方法。

> 專欄

影片課程的注意事項

YouTube 開啓了人人皆可學習的時代,平台上有無數學習頻道,任何人都能自由觀看,且完全免費。希望更多人善加利用這些影片課程,但有一點需要特別留意,那就是:不要因為看了影片,就誤以為「自己已經學會了」。

舉例來說,你認為「透過觀看影片或聽他人講解來學習」與「透過閱讀書籍或文章來學習」的最大差異是什麼?關鍵在於「誰掌握學習的主導權」。即使我們什麼都不做,影片與課程的內容還是會自動播放,學習的主導權在影片或講師手中。即便我們只是發呆,影片還是會繼續播放。但閱讀則不同。閱讀時,如果沒有主動「想讀」,內容就無法進行。必須自己翻頁、自己移動視線,才能吸收資訊。

從這個角度來看,觀看影片是一種極為被動的學習方式。上課時,老師可能會點名提問,但觀看影片時,我們不會被點名。此外,學習應該是主動的,而非被動接受,才能達到更好的效果。因此,觀看影片時,我們必須避免過度被動。有許多方法可以幫助我們保持主動學習,例如做筆記,或運用 CHAPTER2 介紹的「提問式閱讀」,整理出關鍵問題。建議大家多方嘗試,找出最適合自己的學習法。

專欄

好好睡覺

　　大家知道「為了整理記憶，睡眠非常重要」這個說法嗎？事實上，睡眠時間過短會讓記憶鞏固的效果下降。

　　基本上，大腦在睡眠中會進行記憶整理。因此，睡眠時間不足，會降低記憶的能力。

　　此外，生活作息不規律的人，學習態度也會變差。那些能讓頭腦變得更聰明的人，通常都有良好的生活習慣和規律的作息。他們會早起、曬太陽、吃早餐，並且準時睡覺不熬夜。而且他們不會強迫自己，生活中的各項活動都會在固定時間進行，包括用餐、洗澡、睡覺。若無法做到這些，無論做什麼事，可能都會半途而廢。因此，良好的睡眠是非常重要的。

　　順帶一提，能考上東大的學生，通常都能遵守規律，並積極參與學校活動。也許你會認為，考上東大的學生應該是那種不太聽老師話的人，但其實多數成功的東大生，反而是全力投入學校活動的人。

專欄

也要好好學習日語[1]

　　大家可能很少有機會真正好好學習日語吧。不過，如果你試過本書的學習法，卻發現「總是學不好」，那麼或許你需要加強日語的學習。

　　這是大約 10 年前的事，當時進行了一項研究：「AI 是否具備能考上東大的學力」。該研究的負責人新井紀子教授，在她的著作《AI vs 教科書が読めない子供たち》（暫譯：AI 對決讀不懂教科書的孩子們）》中提到，「大多數孩子根本就讀不懂教科書」。她表示，許多所謂「學不會」的孩子，其實並不是因為「頭腦不好」，而是因為他們在日語理解上出了問題，導致他們無法理解教科書的內容，也聽不懂老師在說什麼。

　　舉例來說，假設有人不懂「偏在（意指『特定區域分布』）」這個日語詞彙，當他聽到「これらの資源は偏在しており……（這些資源分布在特定區域……）」這句話時，根本無法理解。「偏在」指的是「偏向一邊存在」，例如「在其他地區幾乎不存在，只有在某個地區才能找到的資源」，這時可以說「資源分布在特定區域」。如果在不理解詞彙的情況下學習，就像是聽不懂英文卻在上英文課一樣，根本無法理解。如果你總覺得「畢竟是日語，應該沒問題吧」，那麼你可能會嘗到一些苦頭。如果你發現自己有類似的情況，建議你可以試著加強日語的學習。

1　本書原文為日語，以台灣而言，應為好好學習中文。

CHAPTER 2

實用的學習法

Part1 策略與目標設定

Part2 提升效率的策略

Part3 對學習有幫助的思考方法

01 策略與目標設定

即使是學習，若盲目投入也不會出現好結果。
設定目標和排定計畫等策略是必要的。
接下來，將介紹一些策略與目標設定的方法。

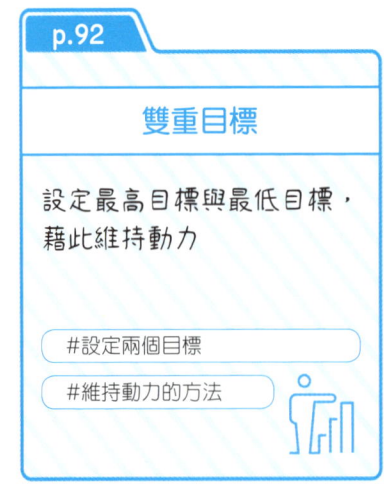

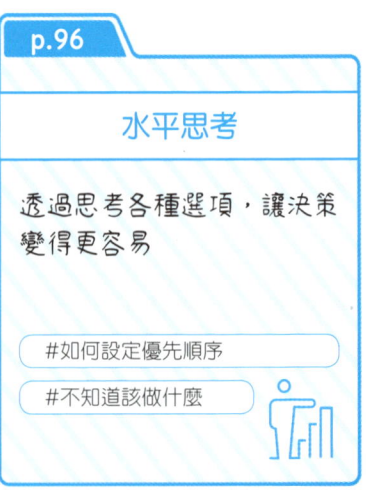

p.84 百分比學習法

清楚呈現計畫進度的學習法

#進度管理技巧
#防止心情崩潰
#製作甘特圖

p.88 拆解努力過程法

透過矩陣來明確目標與目的

#目標設定法
#用矩陣來思考
#防止心情崩潰

p.92 雙重目標

設定最高目標與最低目標，藉此維持動力

#設定兩個目標
#維持動力的方法

p.96 水平思考

透過思考各種選項，讓決策變得更容易

#如何設定優先順序
#不知道該做什麼

發現！

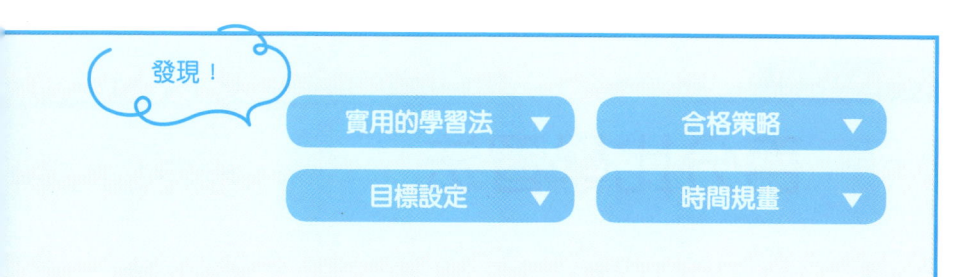

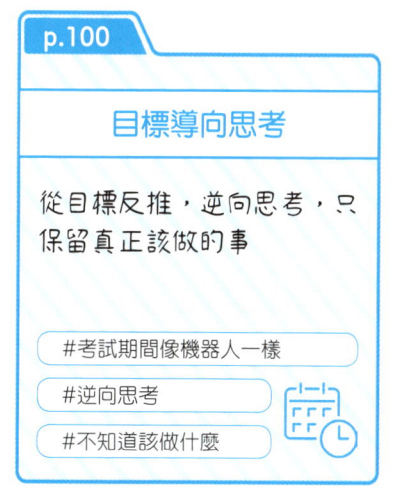

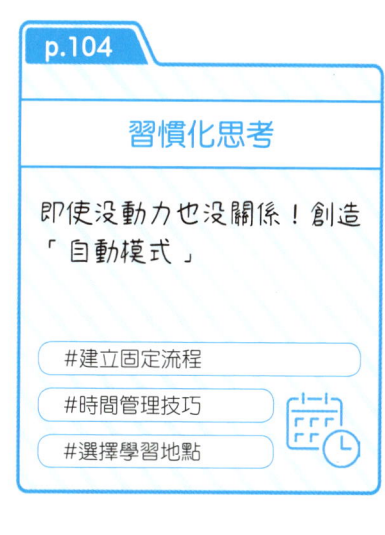

實用的學習法 ▼　　合格策略 ▼

目標設定 ▼　　時間規畫 ▼

---

p.100

目標導向思考

從目標反推，逆向思考，只保留真正該做的事

#考試期間像機器人一樣
#逆向思考
#不知道該做什麼

---

p.104

習慣化思考

即使沒動力也沒關係！創造「自動模式」

#建立固定流程
#時間管理技巧
#選擇學習地點

---

p.108

SMART思考

透過具體、可衡量、可達成、有關聯性與時限來釐清目標

#目標要清晰
#目標設定法

CHAPTER 2　實用的學習法

No. 15

百分比學習法

清楚呈現計畫進度的學習法

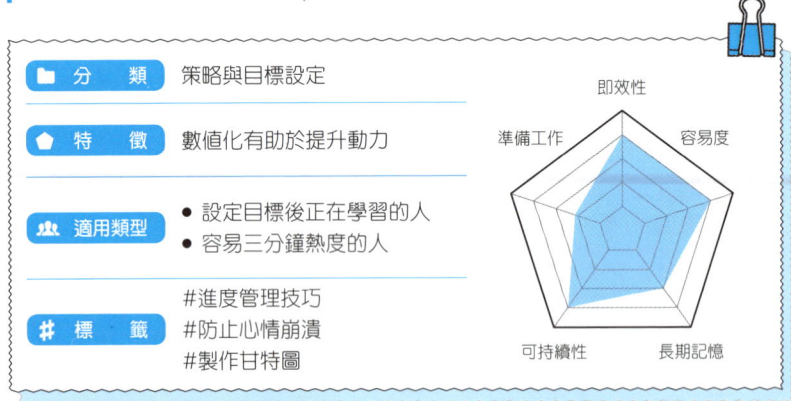

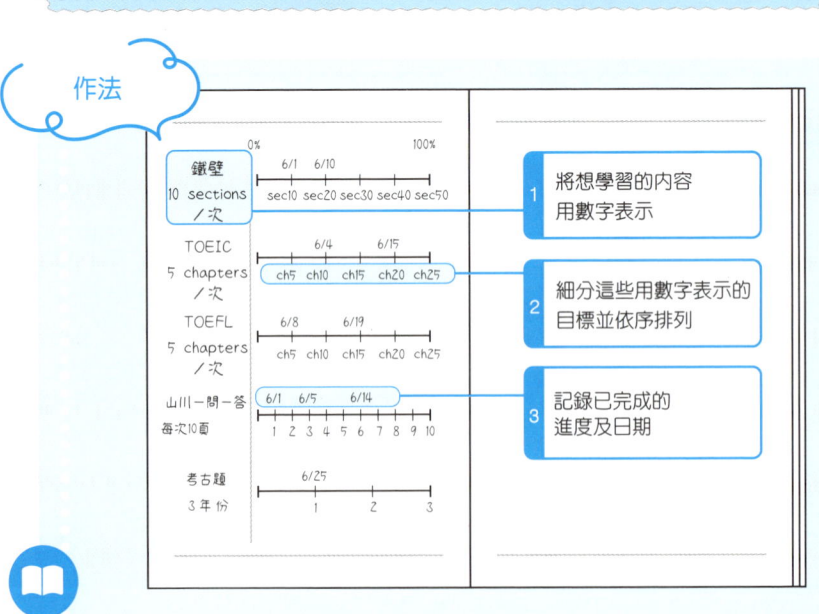

- **分　　類**：策略與目標設定
- **特　　徵**：數值化有助於提升動力
- **適用類型**：
  - 設定目標後正在學習的人
  - 容易三分鐘熱度的人
- **標　　籤**：
  #進度管理技巧
  #防止心情崩潰
  #製作甘特圖

雷達圖軸：即效性、容易度、長期記憶、可持續性、準備工作

作法

項目	進度
鐵壁 10 sections/次	0% — 100%　6/1　6/10　sec10 sec20 sec30 sec40 sec50
TOEIC 5 chapters/次	6/4　6/15　ch5 ch10 ch15 ch20 ch25
TOEFL 5 chapters/次	6/8　6/19　ch5 ch10 ch15 ch20 ch25
山川一問一答 每次10面	6/1　6/5　6/14　1 2 3 4 5 6 7 8 9 10
考古題 3年份	6/25　1 2 3

1. 將想學習的內容用數字表示
2. 細分這些用數字表示的目標並依序排列
3. 記錄已完成的進度及日期

制定計畫並進行進度管理有許多優點。首先，它可以讓目標變得更為明確。

　　百分比學習法是一種**能清楚顯示在原計畫中已完成多少學習進度的方法**。這個方法的作法是劃一條橫線，將橫線的左側標註為 0%，右側標註為 100%，然後思考自己目前處於這條線的哪個位置。

　　舉例來說，將自己正在進行的學習想像成登山挑戰，如果你身處一片茂密的森林中，完全不知道還需多久才能抵達山頂，這樣繼續走下去會變得非常辛苦。然而，如果能找到標示，確認自己大約在哪個高度，並掌握距離山頂還有多少路程，心理負擔應該會減輕許多。當人們覺得自己離目標越來越近時，往往會更加努力，而百分比學習法正是運用了這種心理特性。

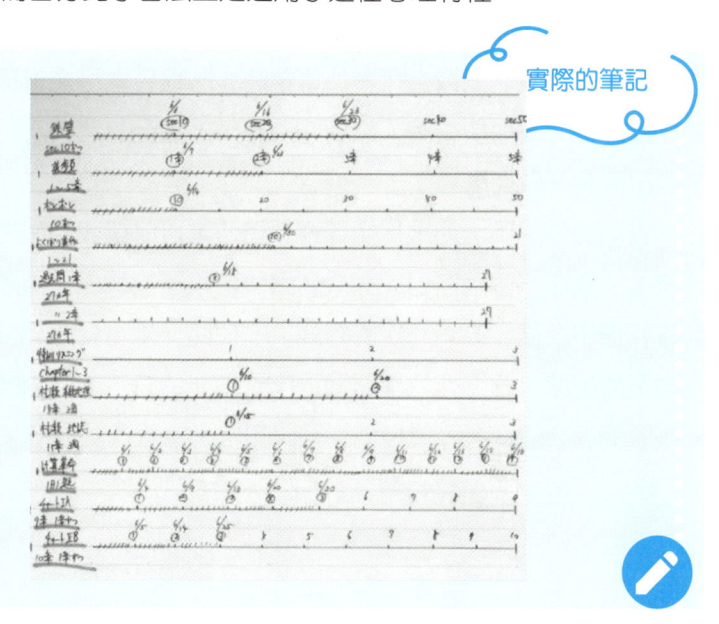

實際的筆記

像甘特圖一樣數值化

首先，準備一本筆記本，將「想學的內容」記錄下來。接著，像 P84 的圖示一樣劃一條橫線，左側標註 0%，右側標註 100%。之後，你就可以開始執行學習計畫。

百分比學習法的關鍵在於，**將學習目標以數字呈現**。例如，「我要學這個領域」這樣的描述無法用百分比來表示。但如果寫成「這本參考書我要讀 100 頁」，那麼當你讀完 30 頁時，就表示已經完成了 30%。

同時處理多項事務並長期持續

此外，這種學習法還會建立多個相同的項目，其優點在於，能夠同時進行多項事務，且能長期持續推進。

然而，當我們同時進行多項事務時，心理負擔可能會加重。長時間持續努力，可能會讓人感到心力交瘁，甚至會迷失方向，不知道自己究竟在做什麼。

在這種情況下，如果採用這種學習法，可以讓我們產生這樣的想法：「我在一個月內已經完成到這個階段了」或是「再過幾週就能達到這個進度，還有充足的時間」。如此一來，就能減少迷惘，持續努力前進。在工作或學習過程中感到痛苦時，也能翻閱這本筆記本回顧過去的進展，這樣就能回歸初心，重新找回動力。

> **感想與建議！**
>
> 　　使用百分比學習法的關鍵在於「將無法數值化的東西轉化為數字」。舉例來說，假設我們要用百分比來表示「記住的比例」。例如「以記住這 100 個單字的比例來學習吧！」不過，人總會遺忘，也不是非得做到百分百完美才能繼續進行。所以可以這樣判斷：「大概重複 3 次就能記住 80% 左右，那就重複 3 次吧。」第一次重複後記住 33%，第二次重複後記住 66%。因此，這種方法的優點在於能夠將自己的學習目標數值化。

推薦書籍

- 片山湧斗・著，《天才の思考回路をコピーする方法》（暫譯：模仿天才的思考模式的方法），日本能率協會 Management Center。
  這本書針對整理、記憶、理解、進度管理等主題，詳細介紹筆記的製作方法與豐富的範例。

No. 16 拆解努力過程法

透過矩陣來明確目標與目的

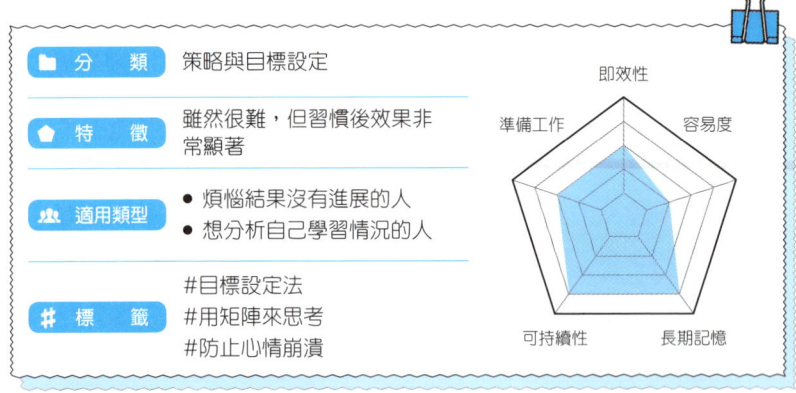

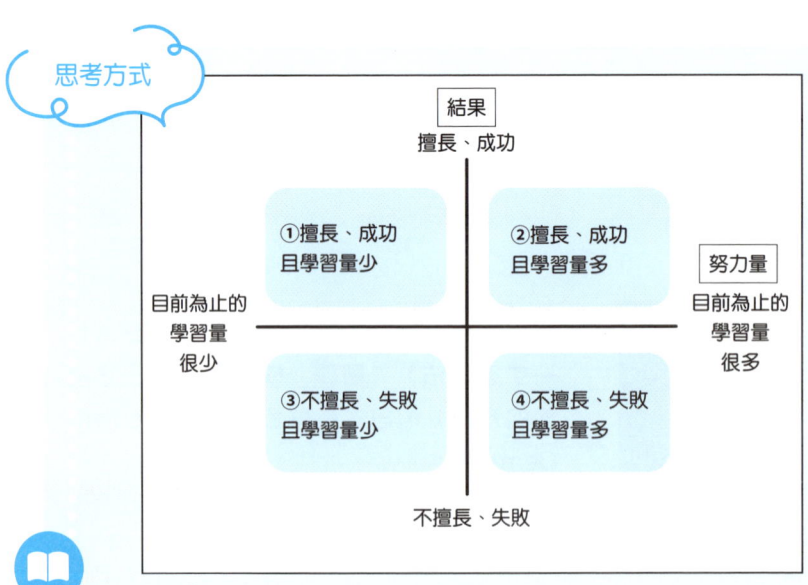

分　類	策略與目標設定
特　徵	雖然很難，但習慣後效果非常顯著
適用類型	● 煩惱結果沒有進展的人 ● 想分析自己學習情況的人
標　籤	#目標設定法 #用矩陣來思考 #防止心情崩潰

雷達圖：即效性、容易度、長期記憶、可持續性、準備工作

思考方式

結果
擅長、成功

①擅長、成功
且學習量少

②擅長、成功
且學習量多

目前為止的
學習量
很少

努力量

目前為止的
學習量
很多

③不擅長、失敗
且學習量少

④不擅長、失敗
且學習量多

不擅長、失敗

拆解努力過程法是一種為了避免「明明很努力卻還是做不好！」的情況，**將努力量具體化，並依此思考對策的方法。**

在學習過程中，大家應該常常遇到「明明很努力，卻沒有成果！」的情況吧。有時候雖然努力學習，卻無法達到預期結果，反而有時候在不怎麼努力的情況下，卻能獲得不錯的成果，這時難免會產生「這是不是單純運氣好而已？」的疑問。

努力量與結果未必是成正比的。當學習進展不順時，我們需要改變方法或是調整方向，但往往難以清楚檢視自己所付出的努力。我們可能會想到「再努力一點，應該就能看到成果吧？」，而這樣的想法也會讓我們走向強調數量而非品質的方向。在這種情況下，將努力量與結果製作成矩陣並進行具體化，這樣的方式有助於思考對策，這就是「拆解努力過程法」的有效運用。

① 擅長、成功且學習量少
這些擅長或成功的成果，是否有可能是靠運氣？

② 擅長、成功且學習量多
在過去的學習法中，有什麼可以應用在自己不擅長的部分？

③ 不擅長、失敗且學習量少
為什麼這些不擅長或失敗的地方，過去一直沒有處理？

④ 不擅長、失敗且學習量多
是否有可能是學習方法錯誤？

用努力量與結果製作成矩陣

方法很簡單，就是**用努力量與結果製作成矩陣**。可以將情況分為 4 個類別：「努力了但沒結果」、「沒努力卻有結果」、「有努力且有結果」、「既沒努力也沒結果」。舉例來說，「英文文法我有努力學習，卻沒有成效；英文會話我沒努力學習，也沒有成效；英文閱讀理解我有努力學習，且有成效」像這樣將它們歸類到這 4 個類別中。接著，針對這 4 個類別，分別思考不同的對策。

針對不同情況思考對策

「努力了但沒結果」
→ 因為努力的方式可能是錯誤的，因此需要改變方法。
「沒努力卻有結果」
→ 努力後應該能得到更多成果，所以要思考如何更努力。
「既沒努力也沒結果」
→ 只要做了就一定會有結果，所以應該思考如何建立一個能促使自己努力的機制。

可以像這樣針對不同情況思考對策。例如，為什麼學習總是進展不順呢？這是因為「看似有在做，實際上並沒有付出行動」。仔細想想，許多時候我們並沒有真正努力，而是因為某些模糊的理由，例如「覺得自己好像有在努力」，才誤以為自己已經在努力。這樣當然無法得到任何成果。因此，關鍵在於首先要將努力的過程拆解並具體化。

> ✏️ **感想與建議！**
>
> 嘗試將努力程度與結果製作成矩陣後,會發現即使是自己覺得不擅長的部分,也能夠區分為「努力了但沒看到成果」和「根本沒努力,所以當然沒有成果」兩個層面。例如,「英文單字雖然努力學了,但還是沒看到成果」或是「聽力方面,由於平時聽的英文量太少,所以無法進步」。透過這種拆解努力過程的方法,不擅長感會變得更具體,讓你能從「逐一解決問題」的角度來改進與努力。

推薦書籍

- **相生昌悟・著,《東大式目標達成思考》,日本能率協會 Management Center。**
  這本書整理了實用的方法,說明即使沒有突出的天賦,只要掌握正確的努力方式,也能順利達成目標。

※ 劉宸瑀、高詹燦譯,《東大現役學霸的讀書計畫制定法:設定目標、擬定策略、確定方法、規畫時程,學會東大式的正確用功法》,台灣東販。

No. 17
雙重目標

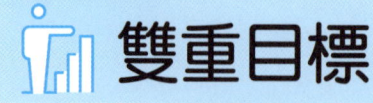

> 設定最高目標與最低目標，藉此維持動力

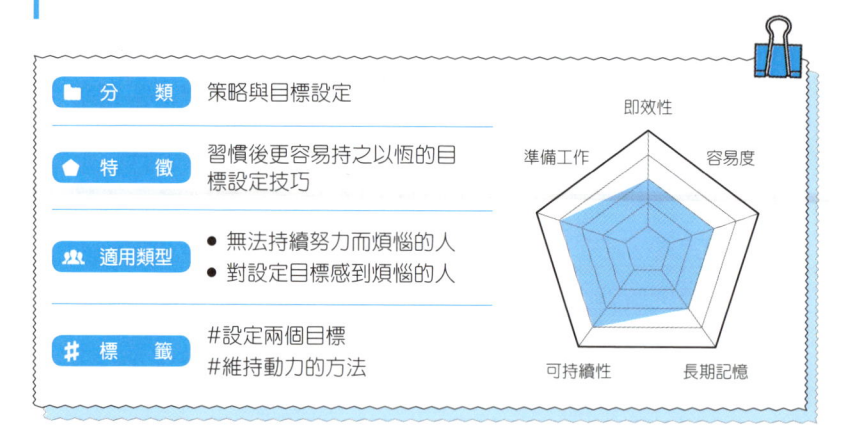

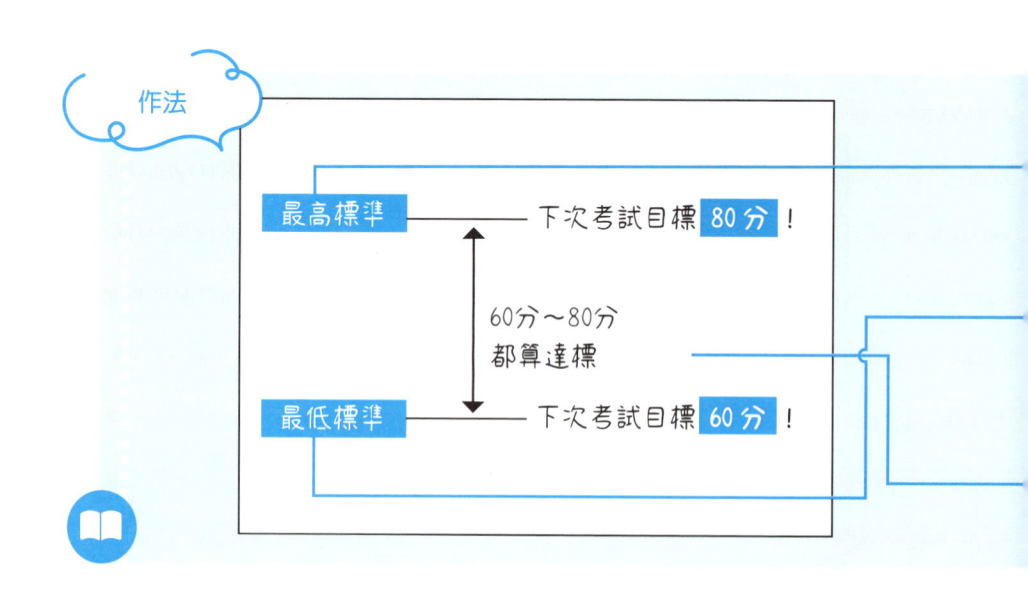

分類	策略與目標設定	
特徵	習慣後更容易持之以恆的目標設定技巧	
適用類型	● 無法持續努力而煩惱的人 ● 對設定目標感到煩惱的人	
標籤	#設定兩個目標 #維持動力的方法	

雷達圖：即效性、容易度、長期記憶、可持續性、準備工作

作法

最高標準 ── 下次考試目標 80分！

60分～80分 都算達標

最低標準 ── 下次考試目標 60分！

92　雙重目標

雙重目標是一種設定「高目標」與「低目標」的學習法。

最低目標、低目標⋯⋯可達成的、務實的目標。

最高目標、高目標⋯⋯可能無法達成的、理想中的目標。

舉例來說，可以這樣設定目標：「至少完成 10 頁，最多完成 20 頁！」在學習過程中，可能會遇到這種情況：「原本設定目標是 20 頁，但最後只完成了 15 頁！」大部分的人在事情未能按照目標進行時，往往會產生「我失敗了」、「算了吧」的想法。雙重目標的概念，就是為了改善這種情況。因為有兩個目標，一個是最低標準，一個是最高標準，所以只要在這兩者之間持續努力即可。

1　設定一個達成後會感到開心的最高標準

2　設定一個自己希望達成的最低標準

3　這個「範圍」就是你的目標

基本方法

雙重目標基本上是用來設定學習任務時的方法。例如，在一週開始時，我們可能會想「這週大概要學習這些內容」，就可以運用這個方法。與其單純設定目標「我要做 30 頁的英文題庫！」不如這樣設定：「至少做 20 頁，若能做到 40 頁就更好」。

需要注意的是，「**最低目標必須是可達成的最低標準**」。不能低於這個最低標準，否則就失去了「最低目標」的意義。無論是遇到肚子痛、臨時有其他計畫，還是發生了其他突發狀況，最低目標也必須是能夠達成的。

此外，設立目標時也不能勉強自己，如果覺得自己可以超過最高目標的部分，應該將多餘的內容留到下次，讓自己休息一下。即使覺得「可能做到 40 頁以上！」也應該先停下來，然後在下次設定目標時，將目標調整為 50 頁。

也可以應用在將成績或分數設定為「目標」的方法上

雙重目標這個方法也可以應用在學習成績的目標設定上。例如，「下次英文證照考試我希望能拿到 80 分，至少要達到 60 分。」這樣就能為分數設定兩個目標。如此一來，在正式考試中會更加得心應手。舉例來說，如果還剩下一題，卻發現「啊，時間快到了」，這時可能會在繼續作答還是檢查答案之間猶豫。如果已經達到最低目標，就能果斷選擇「檢查一下答案」；反之，如果尚未達到最低目標，則該採取「衝刺到底」的態度。事實上，許多東大生在準備東大入學考試時也會設立兩個目標。

> 📝 **感想與建議！**
>
> 在不習慣的時候,即使是最低標準和最高標準,有時也很難順利設定目標。例如明明設定的是最低標準,卻無法達成,或是設定的是最高標準,結果卻超過了預期。然而,當你反覆設定目標並努力達成時,你會越來越擅長設定這些標準。這也代表,你掌握了更有效的努力方法。

推薦書籍

- 原田隆史・著,《はじめての目標達成ノート》(暫譯:第一次的目標達成筆記),Discover 21。
  這本書介紹了如何設定自己的目標、制定實現策略,並提供了許多保持動力的實用建議。

No. 18
水平思考

透過思考各種選項,讓決策變得更容易

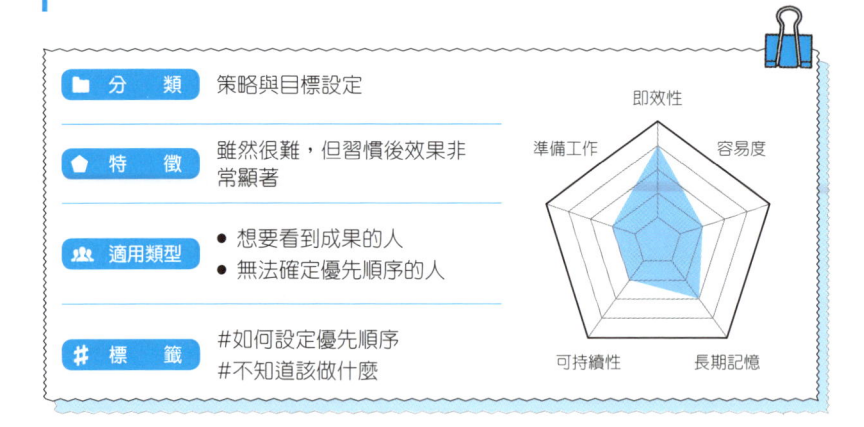

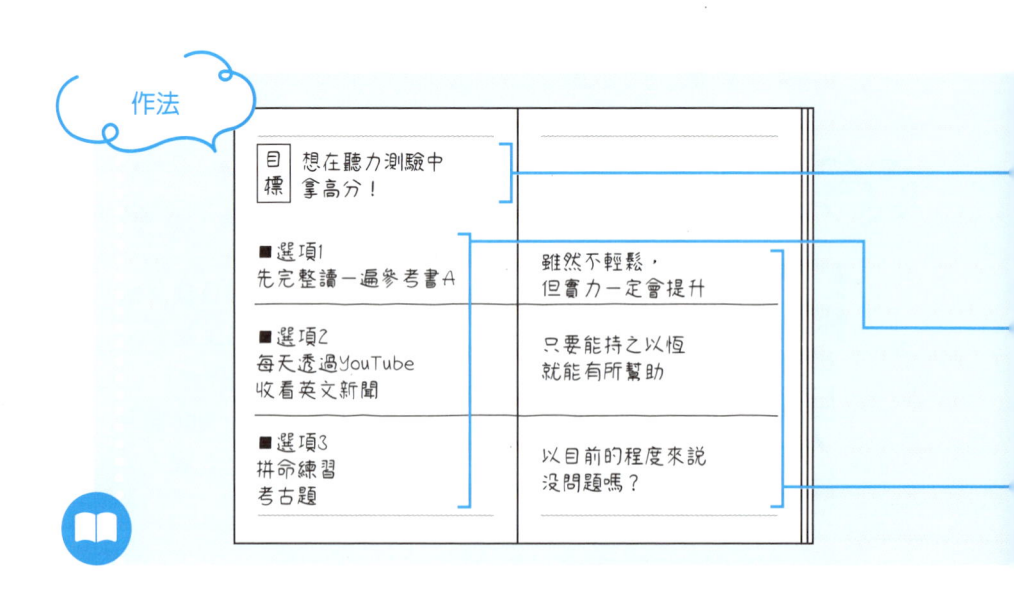

分　類	策略與目標設定
特　徵	雖然很難,但習慣後效果非常顯著
適用類型	● 想要看到成果的人 ● 無法確定優先順序的人
標　籤	#如何設定優先順序 #不知道該做什麼

雷達圖:即效性、容易度、長期記憶、可持續性、準備工作

作法

目標	想在聽力測驗中拿高分!	
■選項1	先完整讀一遍參考書A	雖然不輕鬆,但實力一定會提升
■選項2	每天透過YouTube收看英文新聞	只要能持之以恆就能有所幫助
■選項3	拼命練習考古題	以目前的程度來說沒問題嗎?

水平思考是一種將**自己該做的事情全部列出來，並依照優先順序進行排序**的思考方式。整理自己該做的事情並不容易，雖然大概知道該做些什麼，但當深入思考「具體該怎麼做」時，常常會感到迷茫，不知道接下來該做的事。因此，建議先將所有需要完成的事情寫在紙上，再依照優先程度分成「高」、「中」、「低」3個等級來整理。

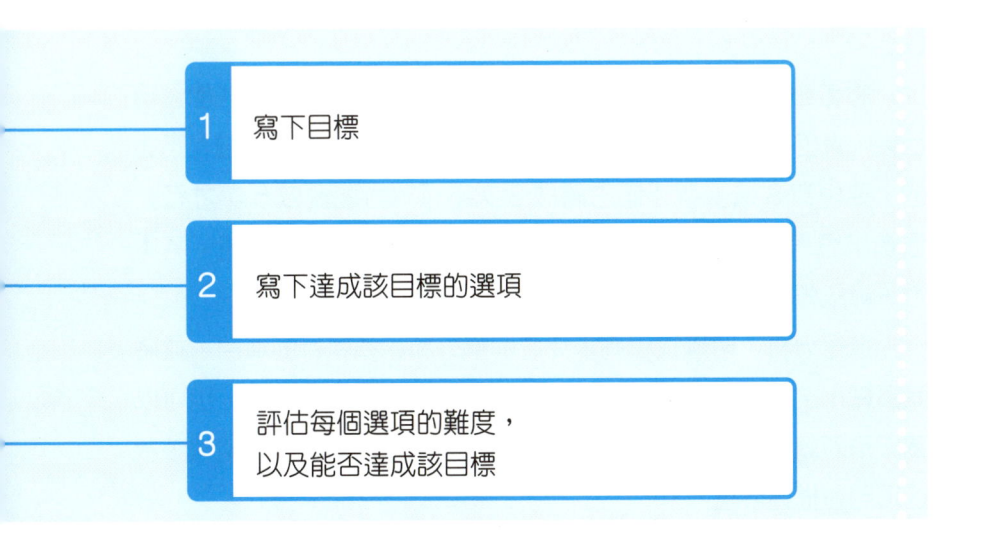

1	寫下目標
2	寫下達成該目標的選項
3	評估每個選項的難度，以及能否達成該目標

設定目標並不斷列出方法,再排定優先順序

首先,確定自己想達成的目標,然後將實現這個目標所需的學習內容寫下來,越詳細越好。如果目標是「通過英檢」,可以列出像是「做 3 次英檢考古題」、「背 3 遍英檢單字本」等具體的學習項目。此時,**最重要的是盡量具體化**,例如,不是寫「加強練習聽力」,而是寫「做一輪聽力題庫」這類具體的步驟。

接下來,寫下「每個學習項目所需的時間」,並標註出當前自己認為的「優先順序」。舉例來說,可以這樣寫:「做 3 次英檢考古題大概需要 5 個小時,但這是必須完成的任務」。

此時的優先順序應該根據「達成目標的必要性」來決定。那些與達成目標直接相關,或者是自己較不擅長的部分,應該排在較高的優先順序。

全面整理

將這些內容寫出來後,接下來要思考的是:「完成這些學習項目後,真的能達成最終目標嗎?」例如,「單字本只背一遍是不夠的,要再背 3 遍」或「考古題做 3 次不夠,可能要做 5 次才行」這樣來思考。全面整理後,再重新檢討一週內該做的事情。基本上,應該先從最重要的部分開始安排。

進行分析,明確找出尚未完成的部分和必須執行的項目,並將其具體化,以便確實落實。如果覺得一週的計畫範圍太大,也可以隔天重新調整。總之,應該抱持「盡可能執行」的心態,整理該做的項目並推進計畫。

> ● 感想與建議！

進行水平思考後,除了依照優先順序進行安排外,根據自己擅長或不擅長的程度來分類也是一種有效的方法。一般來說,擅長的事情可以較快完成,而不擅長的則容易拖延。因此,除了考量優先順序與時間安排外,建議也可以根據自己擅長或不擅長的程度為基準來規畫執行。

推薦書籍

- 東大 CARPE DIEM・著,《東大大全》(暫譯:東大大全),幻冬舍。
  這本書彙整了考上東大的方法,包含從基礎學習方法到克服考試過程的各種應對技巧。

No. 19

目標導向思考

從目標反推，逆向思考，只保留真正該做的事

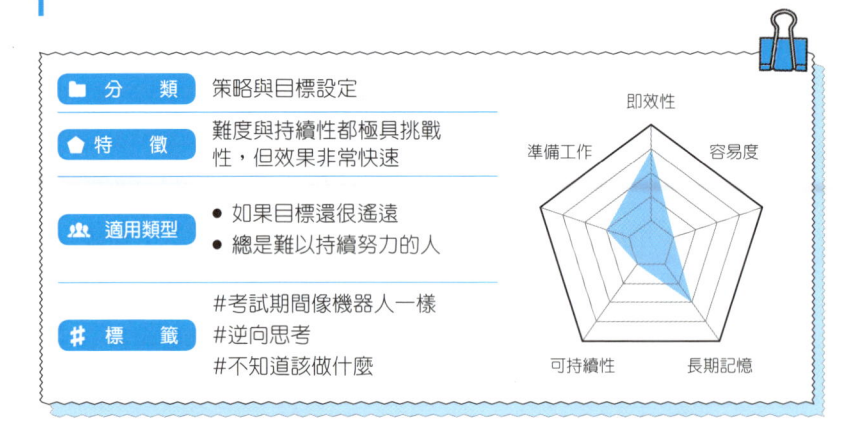

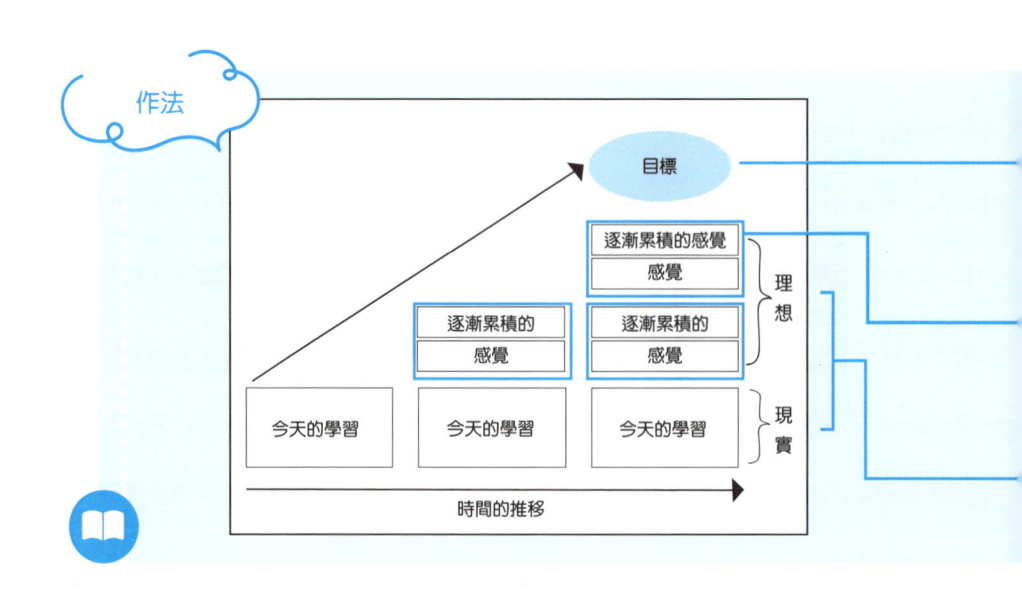

分類	策略與目標設定
特徵	難度與持續性都極具挑戰性，但效果非常快速
適用類型	● 如果目標還很遙遠 ● 總是難以持續努力的人
標籤	#考試期間像機器人一樣 #逆向思考 #不知道該做什麼

雷達圖：即效性、容易度、長期記憶、可持續性、準備工作

作法

目標

逐漸累積的感覺
感覺
} 理想

逐漸累積的感覺　逐漸累積的感覺
感覺　　　　　　感覺

今天的學習　今天的學習　今天的學習
} 現實

時間的推移

100　目標導向思考

目標導向思考是指**事先規畫好自己應該做的事情**。舉例來說，當你為了考試及格而努力準備，考試日期逐漸逼近。此時，你可能會思考：「現在是 11 月，考試在 1 月，接下來的 50 到 60 天，我該如何安排學習計畫？」然後，你會列出所有學習方法，整理在筆記本上，並寫下從現在到考試當天必須完成的所有學習內容。

透過這種方式，你可以建立一份「完成這些學習內容就能考上的清單」。換句話說，這就像是一份有明確期限的作業，做完了就有機會考上，沒做完則可能落榜。

1	清楚掌握目標方向（事先設定）
2	思考自己還有哪些地方沒有做到
3	注意理想與現實之間的差距

從目標反推，逆向思考，讓自己不再迷惘

目標導向思考法就是將「只要在接下來 50 到 60 天內完成這份清單上的所有學習內容，就能考上；如果沒完成，則可能落榜」的概念，具體化為一份明確的學習清單。

舉例來說，如果目標是英文閱讀測驗拿到 90 分，那就可以訂定明確的學習目標：「『完成過去 3 年的考古題』、『讀完 A 題庫』、『複習過去的筆記』。只要把這 3 項完成，應該就能拿到 90 分」。

實踐這種方法的好處在於「不再迷惘」。正如前面所提到的，這份清單的功能，就是幫助你知道「只要完成這些就能考上」。

考試期間像機器人一樣

尤其是臨近考試時，有時會因為焦慮和緊張而無法專心。許多人甚至就算想做點什麼，也可能會陷入「不知道該做什麼」的困境。為了避免這種情況，必須**將學習內容具體化，然後像機器人一樣執行**。

「考試期間像機器人一樣」這種說法在東大考生中相當常見。意思是，要壓抑自己的焦慮和緊張，像沒有情緒的機器人一樣，冷靜地完成該做的事。為了能夠「像機器人一樣執行」，我們需要準備一份「這樣做就能考上的清單」。

> **感想與建議！**
>
> 實際將學習項目列出清單後,你可能會開始想:「這個是不是也該做?」或「那個也得完成吧?」然而,如果之後不斷增加新的項目,最終可能會什麼都做不完,就直接面對正式考試。因此,我們應該抱持「之後不能隨意再增加項目」的意識,並整理出需要完成的項目。當然,這個方法對於證照考試也同樣有效。
>
> 此外,如果不確定「應該完成哪些事情」,建議可以先做一次考古題。實踐 P180 的「先做考古題學習法」,你會發現哪些部分還不夠扎實,也更容易建立這份清單。

推薦書籍

- 龍櫻團隊・著,《なぜか結果を出す人が勉強以前にやっていること》(暫譯:成功者的學前準備),東洋經濟新報社。
  在開始學習「之前」,「準備好」適合自己需求的學習方法,這樣便能持續進行「適合自己的努力」,並且不費力地取得成果。

CHAPTER 2　實用的學習法

No. 20 習慣化思考

即使沒動力也沒關係!創造「自動模式」

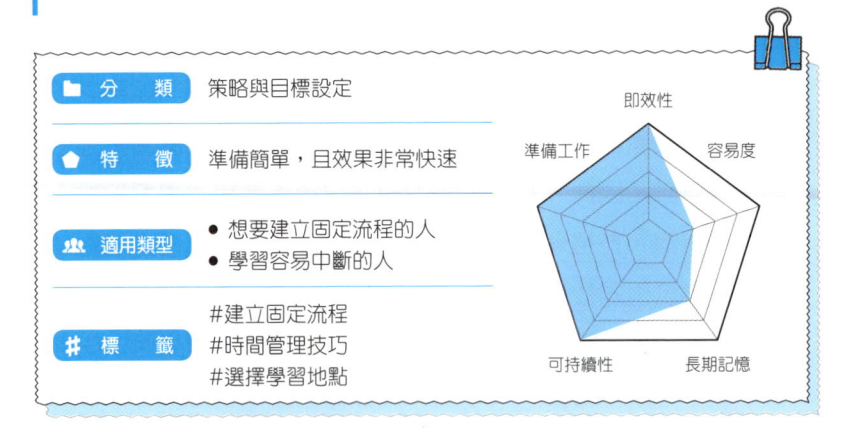

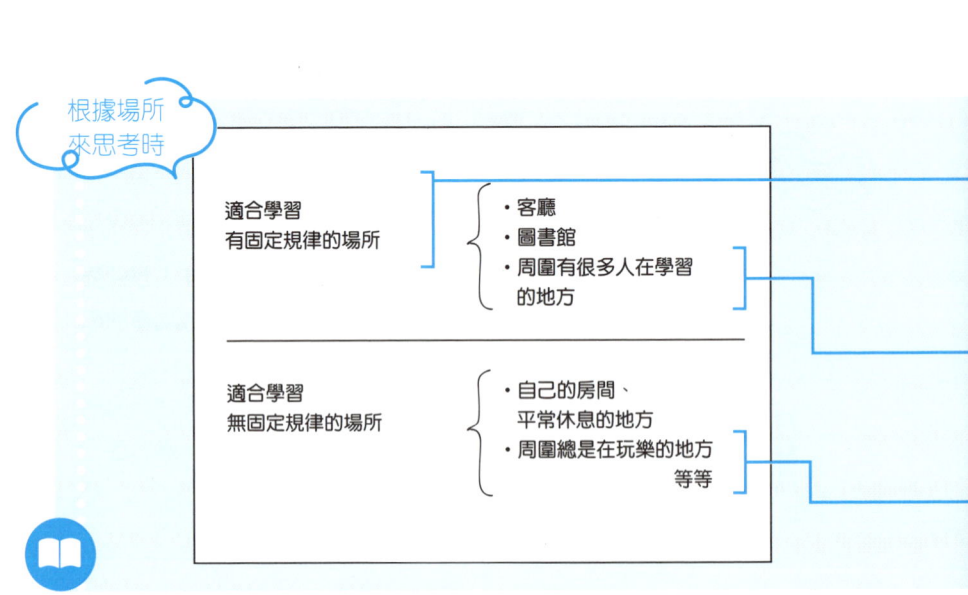

分類	策略與目標設定
特徵	準備簡單,且效果非常快速
適用類型	● 想要建立固定流程的人 ● 學習容易中斷的人
標籤	#建立固定流程 #時間管理技巧 #選擇學習地點

雷達圖軸:即效性、容易度、長期記憶、可持續性、準備工作

根據場所來思考時

適合學習有固定規律的場所
- 客廳
- 圖書館
- 周圍有很多人在學習的地方

適合學習無固定規律的場所
- 自己的房間、平常休息的地方
- 周圍總是在玩樂的地方 等等

104　習慣化思考

習慣化思考，其實就是建立「固定流程」。舉例來說，當我們走進浴室時，應該不會有人每次都在思考「我該先做什麼？」才開始洗澡吧。我們會自動在浴缸放水、使用洗髮精和潤髮乳，接著泡澡……雖然在浴室裡有許多動作，但這些行為幾乎不需要特別思考，便能自然而然地完成。這是因為經過多次反覆執行，這些動作早已融入身體，**幾乎成為無意識的習慣**。這就是所謂的「固定流程」。習慣化思考就是有意識地建立這樣的流程，讓學習變得不再那麼痛苦。在實踐習慣化思考時，我們會根據時間和場所來建立這些固定流程。

1. 思考對自己而言，哪些場所適合學習

2. 如果找不到適合的場所，可以尋找一些以前沒去過的地方

3. 在那個地方嘗試一次後，思考是否能夠集中注意力，這一點也很重要

根據時間建立固定流程

首先,來談談如何建立時間的固定流程,也就是事先設定好「開始學習的時間」,一到這個時間,就一定要準時坐到書桌前。

人們常常會拖延那些不想做的事情,像是討厭的科目、不擅長的學習內容,往往更難集中注意力。因此,為了避免拖延,我們需要事先安排好時間,養成固定的習慣。例如,規定自己晚上 8 點一到,不管有多不情願,都必須坐在書桌前學習。如果可以的話,**也能設定計時器,並規定當計時器響起時,就必須開始學習**。這就像學校的鐘聲一樣,當鐘聲響起時,我們就能立刻轉換心情,這是人們常有的習性。

根據場所建立固定流程

建立場所的固定流程也是相同的概念,就是「**創造一個學習的場所,並讓自己一進到那裡就能自然進入學習狀態**」。

首先,必須將**「休息的場所」**和**「學習的場所」**區隔開來。房間通常讓人聯想到「休息場所」,也因此自然會形成休息的固定流程。要打破這種長期養成的習慣需要一些時間。

遇到這種情況時,可以考慮將「休息場所」以外的地方當作「學習場所」。例如客廳或走廊。如果是在家以外的地方,像是咖啡廳、家庭餐廳或自習空間等,也可以作為學習場所。也就是在那些尚未有固定流程的場所,創造新的習慣。

> 📝 **感想與建議！**
>
> 「站著學習」也是一種值得推薦的方法。坐在椅子上或躺在床上時,往往會進入休息的習慣模式。許多人平常並沒有站著做事的既定習慣。因此,我們可以培養「站著學習」這個新習慣。有些東大生甚至會站著讀書或寫論文。

推薦書籍

- 西岡壱誠、中山芳一・著,《東大メンタル 「ドラゴン桜」に学ぶ やりたくないことでも結果を出す技術》(暫譯:東大心態:向《東大特訓班》學習,如何在不想做的事情上也能達成成果),日經 BP。
  培養「主動性」,發揮「後設認知能力」,運用「自我控制」,並結合「策略性」,透過這四種非認知能力來鍛鍊你的思維。

No. 21

SMART思考

透過具體、可衡量、可達成、有關聯性與時限來釐清目標

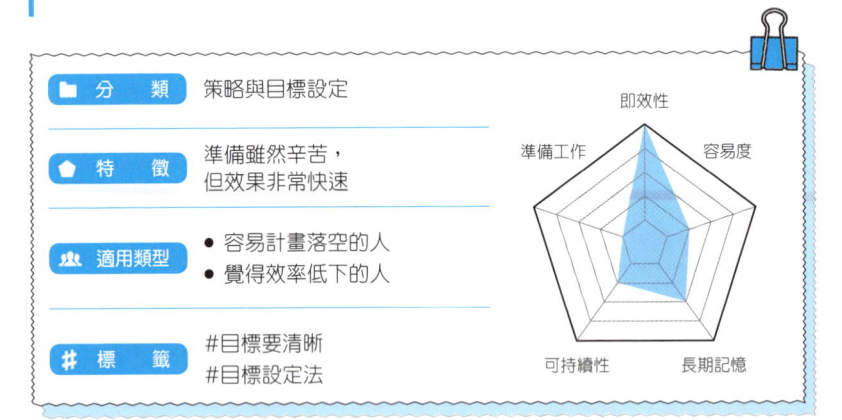

📁 分　類	策略與目標設定	
🔷 特　徵	準備雖然辛苦，但效果非常快速	
👥 適用類型	● 容易計畫落空的人 ● 覺得效率低下的人	
# 標　籤	#目標要清晰 #目標設定法	

雷達圖座標：即效性、容易度、長期記憶、可持續性、準備工作

關鍵

S 具體地！	・使用《英文單字書Target》來學習
M 可衡量！	・完成3輪《英文單字書Target》的背誦
A 可達成！	・背1輪《英文單字書Target》，然後挑出還沒記住的單字，再進行2輪背誦
R 設定有關聯性的目標！	・在《英文單字書Target》中，整理出上次測驗中不會的單字，再背1輪
T 設定時限！	・一週內完成一輪《英文單字書Target》的背誦，接著再花一週挑出還沒記住的單字，並進行第二輪背誦

108　SMART 思考

SMART 思考是一種設定目標的方法,透過 5 個觀點讓目標更加清晰明確。

這 5 個觀點分別是「Specific(具體的)」、「Measurable(可衡量)」、「Achievable(可達成)」、「Related(有關聯性)」和「Time-bound(時限)」。透過這 5 個標準來整理目標,能讓學習變得更具實用性與成效,並能顯著提升平時學習的效率,進而設定出更具成效的目標。

1 為了讓執行更容易,目標要具體化

2 可以設定帶有數字的目標,或者將目標拆解成更容易執行的步驟

3 設定的目標要是可實現的

4 寫下與過去的努力相關的目標

5 設定目標的完成時限

CHAPTER 2　實用的學習法　109

SMART 思考的 5 個觀點

如果以具體範例來整理這 5 個觀點，可以如下呈現：

Specific（具體）

如何讓計畫更具體？

「學習向量」→「實際使用這本參考書來學習向量」

Measurable（可衡量）

如何做，才能在之後回顧時清楚判斷「已經達成目標」？

「實際使用這本參考書來學習向量」→「完成這本參考書的 40 頁內容」

Achievable（可達成）

如何設定一個努力後能夠達成、且不過於勉強的目標？

「完成這本參考書的 40 頁內容」→「40 頁可能有點困難，所以先完成 20 頁」

Related（有關聯性的目標）

如何設定目標，使其能延續過去的挑戰，並銜接下一步呢？

「先完成這本參考書的 20 頁內容」→「這 20 頁中的第 15 頁剛好是上次考試不會的部分，需要花時間複習」

Time-bound（設定時限）

如何將截止期限設定為明確的目標？

「先完成這本參考書的 20 頁內容」→「在 3 天內完成這本參考書的 20 頁內容」

如果目標過於模糊，最終可能會忘記自己曾經設定過目標。因此，設定具體、可衡量、可達成、與下一個挑戰相關的目標，並為其設定明確的截止期限，這樣就能確保目標順利完成。

> **感想與建議！**
>
> 在「Related」部分,也建議同時設定下一個目標。例如:「這次考試得了 40 分,下次目標是 50 分!」可以這樣設定能夠清楚意識到進步的目標。

推薦書籍

- **株式會社 AND・著,《思考法図鑑 ひらめきを生む問題解決・アイデア発想のアプローチ 60》,翔泳社。**
  這本書是為了幫助讀者克服「想不到點子」或「難以清楚表達想法」等困擾,所整理的一套實用思考法。

※周若珍譯,《把問題化繁為簡的思考架構圖鑑:五大類思考力×60 款工具,提升思辨、創意、商業、企畫、分析力,讓解決問題效率事半功倍【隨書送】把問題化繁為簡的思考架構練習本》,采實文化。

02 提升效率的策略

東大生厲害的地方在於，他們清楚知道自己該做什麼，並且能夠有效率地學習。
接下來，將介紹幾種提升學習效率與時間管理的方法。

---

p.114

高速循環學習法

先大致瀏覽一遍，再進行深入學習的方法

#關鍵在於複習次數
#掌握整體架構
#也可活用於影片課程

---

p.118

逆向學習法

先理解目標，再用最短路徑抵達的學習法

#先看結論
#反推能力

---

p.122

留一點學習法

刻意留下未完成的部分，激發「還想再學」的動力

#隔天再批改，當作小小樂趣
#刻意留下未完成部分
#維持動力的方法

---

p.126

「3、2、1」思考法

先倒數「3、2、1」，然後在「0」的瞬間立即開始

#不想做的時候特別有效
#倒數計時法
#提升動力的方法

發現！

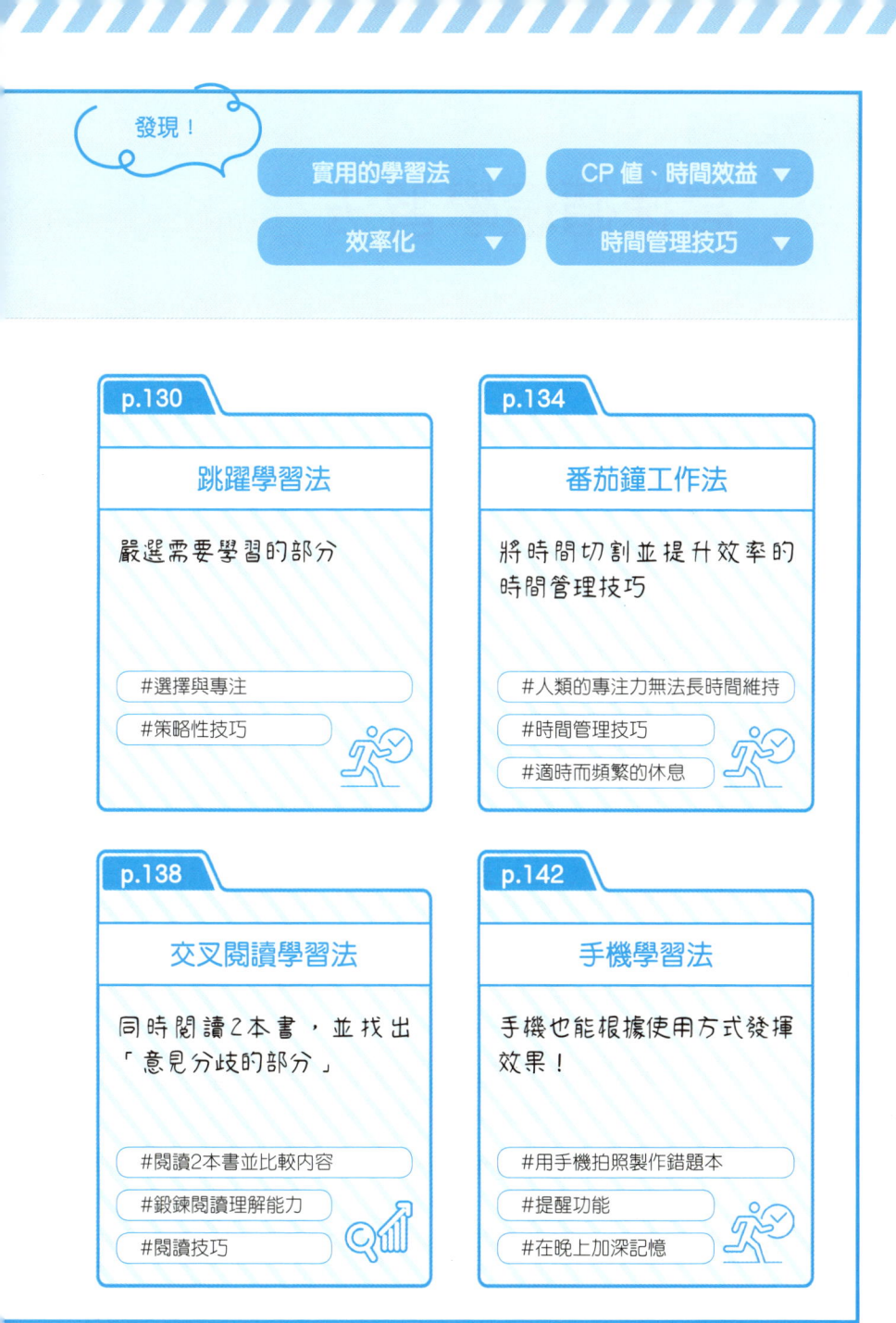

- 實用的學習法 ▼
- CP值、時間效益 ▼
- 效率化 ▼
- 時間管理技巧 ▼

---

p.130

跳躍學習法

嚴選需要學習的部分

#選擇與專注
#策略性技巧

---

p.134

番茄鐘工作法

將時間切割並提升效率的時間管理技巧

#人類的專注力無法長時間維持
#時間管理技巧
#適時而頻繁的休息

---

p.138

交叉閱讀學習法

同時閱讀2本書，並找出「意見分歧的部分」

#閱讀2本書並比較內容
#鍛鍊閱讀理解能力
#閱讀技巧

---

p.142

手機學習法

手機也能根據使用方式發揮效果！

#用手機拍照製作錯題本
#提醒功能
#在晚上加深記憶

CHAPTER 2　實用的學習法

No. 22 高速循環學習法

先大致瀏覽一遍,再進行深入學習的方法

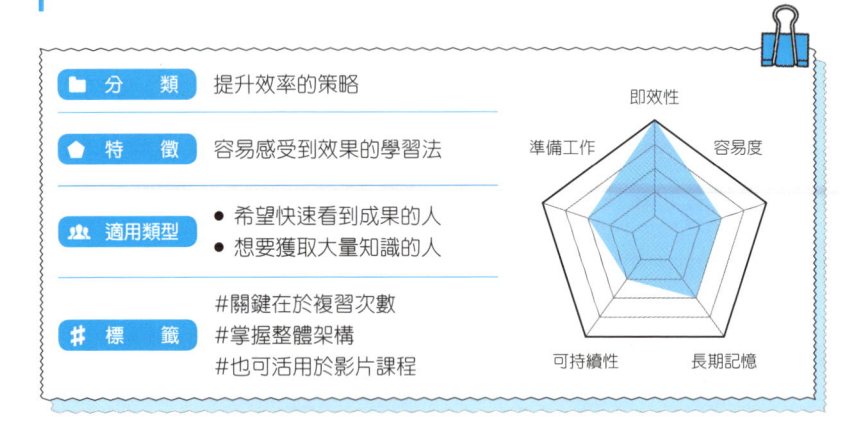

分類	提升效率的策略
特徵	容易感受到效果的學習法
適用類型	● 希望快速看到成果的人 ● 想要獲取大量知識的人
標籤	#關鍵在於複習次數 #掌握整體架構 #也可活用於影片課程

雷達圖:即效性、容易度、長期記憶、可持續性、準備工作

作法

STEP1
第一次閱讀時,
目的是大概理解

STEP2
第二次閱讀時,
根據第一次的理解,
仔細閱讀那些引起你興趣的部分

STEP3
第三次之後,
聚焦於之前
尚未閱讀的內容

高速循環學習法是指想要獲得某些知識或理解一個領域時，先大致瀏覽一遍相關資料，再進入正式的學習過程，這種方法也叫做「一輪學習法」。例如，想學習歷史時，可以先大略翻閱歷史參考書，不必細讀每個細節。如果有一本書是你想學習的，可以先讀這本書的開頭和結尾，先大致了解「哦，原來這就是它要表達的內容」，再開始深入學習。換句話說，就是**先進行粗略的預習，掌握整體框架後再正式學習**。當然，第一次閱讀時可能無法完全理解，因此需要反覆學習，逐漸增加學習的循環次數。

1	稍後再回頭看也沒問題，所以先粗略了解內容的脈絡即可
2	閱讀自己感興趣的部分、在意的地方或重點
3	從第三次開始，就可以進行全面的閱讀

首先,廣泛而淺薄地學習一遍

或許有人會問:「大致學習一遍有什麼意義?」實際上,若將預習與複習做比較,我們會發現,很明顯地複習的品質更為重要。然而,重點不在於「第一次學習」時進行深入學習,而是取決於能否將平常的學習當作「複習」來實踐,這將大大影響學習的品質。

換句話說,只要先進行粗略的預習,接下來所有內容就會變成複習,這樣一來,複習的時間自然會增加。那些能夠花時間進行複習的人,其實就是那些曾經努力進行預習的人。

因此,第一輪的學習應該著重在**「盡量廣泛而淺薄」**。因為之後會進行複習,所以不必刻意去深入記憶。甚至可以抱著「忘記也沒關係」的心態進行淺層的預習,這樣的學習方法才是最關鍵的。

粗略掌握整體內容後,再進行反覆複習

推薦的方法是,先粗略地瀏覽整體內容。

所有的事物都只是整體中的一部分,例如在世界史中,法國大革命是受到前一時代的某些因素影響,同時也深遠影響了後來的世界。日本史中,有些事件因元寇[2]發生,也有些事件成為元寇的原因。這種在歷史脈絡中發生事件的結構,適用於所有科目。

因此,最重要的是先進行粗略的瀏覽,並「大致掌握整體內容」。接著,反覆進行複習。重點不在於一次就深入學習,而是要進行多次的複習,增加學習的循環次數,這樣的方法才是關鍵。

2　元朝皇帝忽必烈與屬國高麗在 1274 年和 1281 年兩次派軍侵略日本,史稱元日戰爭;在日本則被稱為「元寇」或「蒙古襲來」。

> 📝 **感想與建議！**
>
> 　　實際執行高速循環學習法的東大生相當多，舉例來說，很多人會在學習日本史時，將 StudySapuri 的課程調至 2 倍速來聽，也有不少人選擇閱讀像是『10 小時就能大致了解！』這種簡要介紹整體脈絡的系列書籍來學習。此外，也有些人在讀書時，會先瀏覽書籍的開頭和結尾，了解結論要表達的重點後，再進行詳細閱讀。接下來要介紹的「逆向學習法」與這種方法也很相似，就像讀推理小說時，在已經知道犯人是誰的情況下再閱讀，並追蹤犯人的行動。不必從頭到尾讀完，專注於關鍵重點也是一種值得推薦的方法。

推薦書籍

- 山口真由・著，《東大首席弁護士が教える超速「7 回読み」勉強法》，PHP 研究社。
  記憶不是天賦，而是透過反覆練習與持續努力來鞏固，因此這本書介紹了許多學習技巧，核心概念圍繞在每個人都能做到的「將一本書讀 7 遍」的方法上。

  ※ 黃于滋譯，《東大首席律師教你超快速的「7 次閱讀」學習法》，台灣東販。

No. 23

逆向學習法

先理解目標，再用最短路徑抵達的學習法

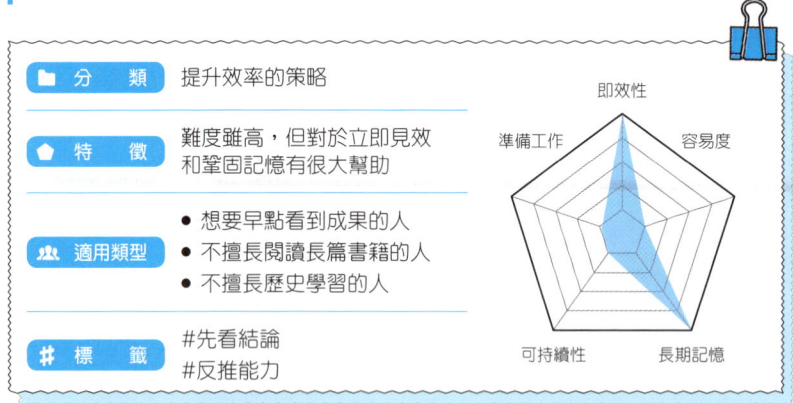

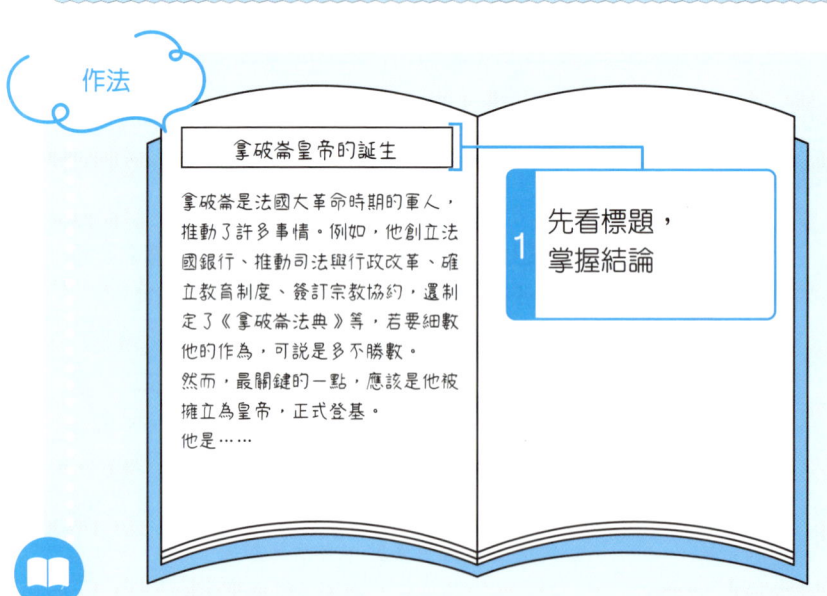

分類	提升效率的策略
特徵	難度雖高，但對於立即見效和鞏固記憶有很大幫助
適用類型	● 想要早點看到成果的人 ● 不擅長閱讀長篇書籍的人 ● 不擅長歷史學習的人
標籤	#先看結論 #反推能力

雷達圖項目：即效性、容易度、長期記憶、可持續性、準備工作

作法

1 先看標題，掌握結論

拿破崙皇帝的誕生

拿破崙是法國大革命時期的軍人，推動了許多事情。例如，他創立法國銀行、推動司法與行政改革、確立教育制度、簽訂宗教協約，還制定了《拿破崙法典》等，若要細數他的作為，可說是多不勝數。
然而，最關鍵的一點，應該是他被擁立為皇帝，正式登基。
他是……

逆向學習法是一種**從書本或參考書的結論開始讀起，或是先看答案再解題的學習法**。也就是先了解結論，再進一步思考「為什麼會有這樣的結果？」

舉例來說，如果你知道「戰國武將中有位叫織田信長的人」，但不曉得他日後大幅推動了天下統一，可能就只會把這個資訊當作「戰國武將中的其中一個名字」輕輕帶過。但如果你事先知道「織田信長曾大幅推動天下統一」，再去讀相關內容時，便能以「為什麼織田信長能夠擴展勢力，推動天下統一？」的角度來整理資訊。先掌握結論，便能以「為什麼會這樣？」的思維來閱讀內容。

逆向學習法或許會減少閱讀過程中的樂趣，但能夠更有效率地蒐集資訊，避免浪費時間。

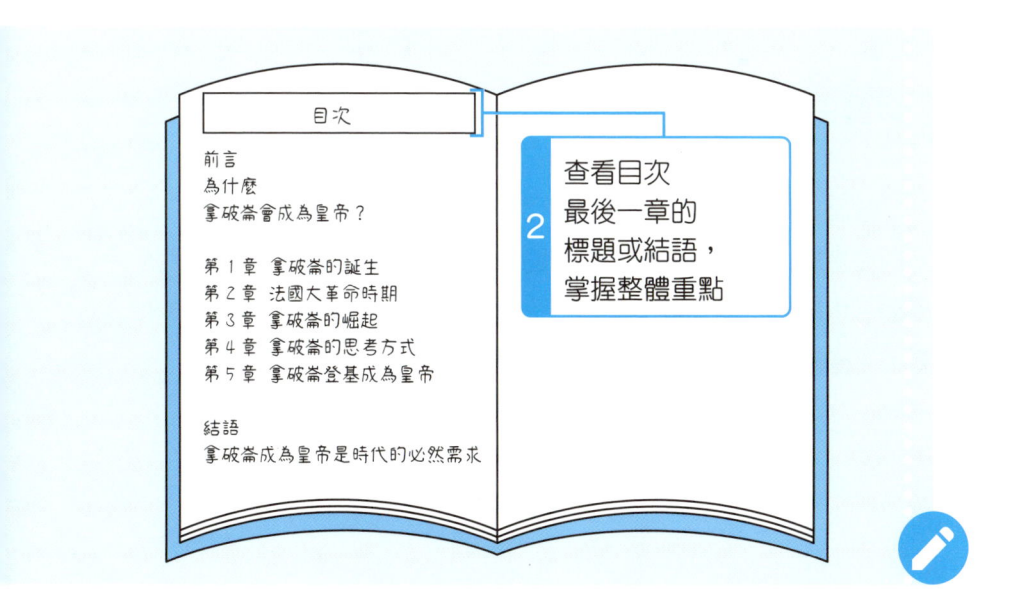

目次

前言
為什麼拿破崙會成為皇帝？

第1章 拿破崙的誕生
第2章 法國大革命時期
第3章 拿破崙的崛起
第4章 拿破崙的思考方式
第5章 拿破崙登基成為皇帝

結語
拿破崙成為皇帝是時代的必然需求

2 查看目次最後一章的標題或結語，掌握整體重點

以國語或英文為例

不僅是歷史參考書，在閱讀國語或英文文章，或是學習教科書或參考書時，也都能運用這個方法。讀國語或英文文章時，如果先理解「這段內容希望我們得出什麼結論」，閱讀起來會更順暢。例如，一篇文章最後一句是「人工甜味劑是不可或缺的」，而開頭提到「你覺得食物中的甜味來自哪裡？」這時你就能預測「答案可能是人工甜味劑吧」，並順著這個方向閱讀。同樣地，閱讀教科書或參考書時，如果事先知道哪些部分是關鍵，就能集中注意力閱讀這些地方，並從結論推測「這裡大概會提到這樣的內容」。雖然一開始可能會覺得困難，但如果練習超過 10 次，基本上就能掌握。

就像讀推理小說時，若你早已知道兇手是誰，閱讀時自然會特別留意兇手的行蹤，閱讀速度也會跟著提升。這和「先知道結論再閱讀」的做法很像，而這樣的閱讀方法其實是很有效的。

以歷史這類有時間脈絡的科目為例

像歷史這種有時間脈絡的科目，建議先從頭到尾讀一遍，第二次則從結尾往回讀。這樣做能幫助你發現第一次閱讀時沒注意到的細節，也能更容易理解文章內容。因此，從改變閱讀方式的角度來看，「逆向學習法」是一種相當有效的學習策略。

> **感想與建議！**
>
> 　　在反覆實踐的過程中,「逆向思考」會逐漸成為一種習慣。舉例來說,即使在平常閱讀文章時,也會不自覺地想到「這篇文章的結論是什麼?」接著,會先去察看結論,再回頭閱讀內容。這樣一來,閱讀文章或掌握精髓的速度會大大提升。為了達到這樣的境界,建議在不同情境下多加實踐這種學習法。

推薦書籍

- 角田和將・著,《速読日本一が教える すごい読書術》,Diamond 社。
  這本書介紹了能夠快速閱讀書籍並挑選自身所需資訊的方法。

※ 邱香凝譯,《日本第一速讀王教你讀得快,記得住,月讀 30 本的超強讀書術》,商周出版。

No. 24 留一點學習法

刻意留下未完成的部分,激發「還想再學」的動力

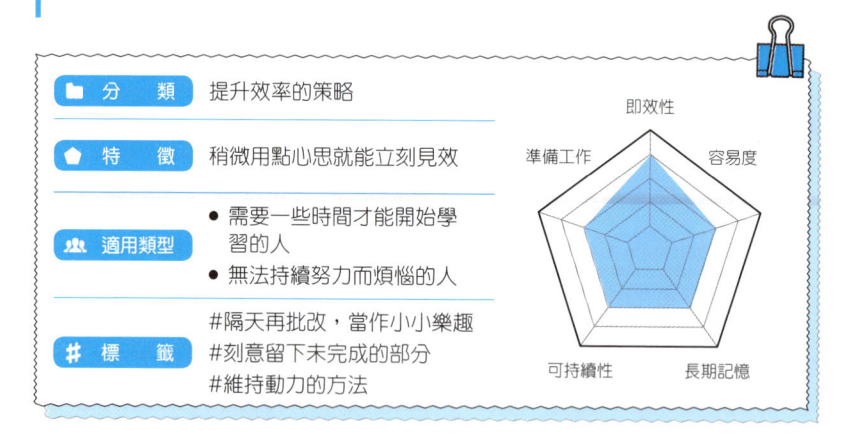

分　　類	提升效率的策略
特　　徵	稍微用點心思就能立刻見效
適用類型	● 需要一些時間才能開始學習的人 ● 無法持續努力而煩惱的人
標　　籤	#隔天再批改,當作小小樂趣 #刻意留下未完成的部分 #維持動力的方法

雷達圖座標：即效性、容易度、長期記憶、可持續性、準備工作

作法

6/10 需要做的事情
☑ ————
☑ ————
☑ ————
☑ ————
☑ ————
☐ ○○○○○○○○○
☐ ○○○○○
☐ ○○○○○○

6/11 需要做的事情
☐ ○○○○○○○○○
☐ ○○○○○
☐ ○○○○○○
☐ ————
☐ ————
☐ ————
☐ ————

留一點學習法是指將所有學習故意**停在「不完整的地方」**。也就是說,當天的學習刻意留下一些未完成的部分,並在隔天從這些「留下來的部分」繼續進行。舉例來說,可以將剩下一頁的內容留到明天,或是將只剩下確認答案的部分留下,當天刻意停在那裡,隔天則以「先把這部分做完」的心態,從前一天留下的地方開始學習。

1. 不要將所有事情都做到最後,留一點給明天!

2. 隔天就從前一天留下來的部分開始學習!

未完成的部分會成為動力

大家應該都有過這樣的經驗：**一旦開始學習，意外地往往能順利進行**。除了注意力被打斷之外，通常不會因為「不想做就不做」而輕易放棄。最困難的，往往是最初下定決心坐到書桌前的那一刻。無論是多大的球，只要開始滾動，就會越滾越快。但要讓它開始滾動，最困難的就是那一開始的推動。

正因如此，才會故意讓事情處於不完整的狀態。當天的學習留下一些未完成的內容，隔天就能以「雖然有點麻煩，但就快完成了」的心態開始學習。反之，如果學習剛好在一個完美的段落結束，缺少「至少先完成這個」的部分，下一次開始學習時，反而會更加費力。

也推薦只留下確認答案的步驟

另一個推薦方法是「**先解題，將確認答案的步驟留到最後**」。也就是說，先解完題目，但暫時不查看答案，不確認自己是否答對。這樣一來，即使缺乏學習動力，也會好奇昨天解的題目是否正確。接著再回過頭確認答案。如果發現自己答對了，可能會激發動力，心想「繼續做下去吧！」如果答錯了，也會忍不住想「為什麼會答錯？」透過刻意留下一些「自己在意的點」，能夠促進下一次的學習。

> 📝 **感想與建議！**
>
> 　　實踐後發現,將學習時間劃分清楚與這種方法搭配起來效果非常好。事先設定好時間,例如「計畫學習到下午 2 點,所以就到這裡結束吧」,利用時間來劃分學習進度。
>
> 　　許多人可能會想:「原本打算下午 2 點結束,但再做 5 分鐘就可以結束在一個完整的段落,這樣就繼續做一下吧。」然而,其實不應該這麼做。如果能精確地劃分時間,清楚地劃分工作與休息的界限,效率就能大幅提升。

推薦書籍

- 龍櫻團隊・著,《なぜか結果を出す人が勉強以前にやっていること》(暫譯:成功者的學前準備),東洋經濟新報社。
  這本書介紹了一些能輕鬆激發動力的技巧。

No. 25
「3、2、1」思考法

先倒數「3、2、1」，
然後在「0」的瞬間立即開始

分類	提升效率的策略
特徵	即時效果和持續性都很高
適用類型	● 需要一些時間才能開始學習的人 ● 容易懶散的人
標籤	#不想做的時候特別有效 #倒數計時法 #提升動力的方法

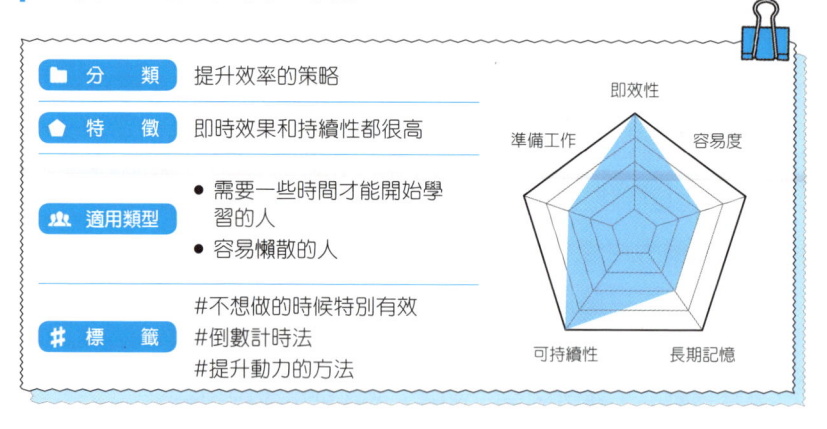

雷達圖項目：即效性、容易度、長期記憶、可持續性、準備工作

作法

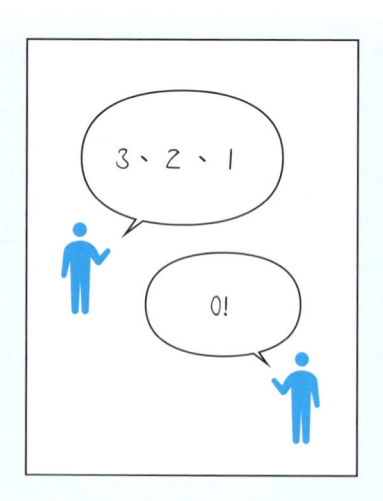

3、2、1

0!

126　「3、2、1」思考法

3、2、1思考法是一種在開始學習或工作時，**先倒數「3、2、1」，然後在「0」的瞬間實際執行的方法。**

　　舉例來說，有時你可能會提不起勁，整個人懶洋洋地躺在床上。這時，你可以倒數「3、2、1」，然後在「0」的時候坐起來。這樣的方式能避免你繼續懶散下去。若沒有時間限制，大多數人都容易變得散漫。例如，當你心想「我先滑一下手機」或「再睡一下」時，那個「一下」很容易就拖成一個小時。因此，透過「3、2、1」倒數，幫自己設下時間限制，就能有效控制自己，為接下來的行動做好準備。

當3、2、1思考法無法順利進行時

1. 可以再進一步分解動作，例如「從鉛筆盒拿出筆」、「拿起筆」等等，將動作再拆得更細一點！

2. 也可以加上「5和4」，變成「5、4、3、2、1」來試試看。放慢步伐或許會比較容易做到！

3. 可以先深呼吸，讓自己冷靜下來。也可以喝點飲料！

3、2、1 思考法的具體方法

首先，在腦海中將動作分解成小步驟。例如，假設你要從床上起來讀書，可以將過程分解為「掀開被子」、「坐起來」、「下床」、「換衣服」、「坐到書桌前」、「拿起筆」等一系列動作。接著，每個動作開始之前，先倒數「3、2、1」，並在「0」的瞬間付諸行動。舉例來說，當倒數到「3、2、1、0」時，便掀開被子；再倒數到「3、2、1、0」時，坐起來；接著再倒數到「3、2、1、0」時，從床上下來。這樣一來，即使在提不起勁的時候，也能激發自己的行動力，這就是 3、2、1 思考法。

你可以把這個過程想像成是為行動鋪設一座溜滑梯。在實際動作之前倒數計時，就像從溜滑梯滑下來，讓自己順利展開行動。

分解動作是有意義的

分解動作其實很有意義。有時候我們無法付諸行動，往往是因為「不知道從哪裡開始」。例如，當我們說「要做暑假作業」，但由於無法具體想像該怎麼做，結果什麼都做不成。換句話說，我們可以將事情分解成具體步驟，例如「1. 準備筆記本」「2. 在第一頁寫下待辦事項」「3. 開始查找資料」等，然後按照順序從第一項開始執行。即使是「讀書」這麼簡單的事，也可以分解成「坐下來」、「拿起書本」「用空著的手翻頁」等小動作。

這就像是用按鈕操作自己的身體一樣。只要把任務分解成具體的動作，就能讓要做的事情變得更清楚明確，並且像玩遊戲一樣，逐一完成每個步驟，進而專注於整個過程。

> 📝 **感想與建議！**
>
> 對於學習以外,不太想做或稍微缺乏動力的事情,使用 3、2、1 思考法也能加快付諸行動的速度。即使是小事,也可以嘗試看看。如果還是無法提起勁來,不妨在前面加上「5 和 4」,變成倒數「5、4、3、2、1」來試試看。

推薦書籍

- 西岡壱誠・著,《東大モチベーション》(暫譯:東大學習動力),KANKI 出版。
  這本書介紹了許多技巧,能幫助你從「總是難以持續學習」轉變為「能夠百分之百持續學習」。

No. 26
跳躍學習法

嚴選需要學習的部分

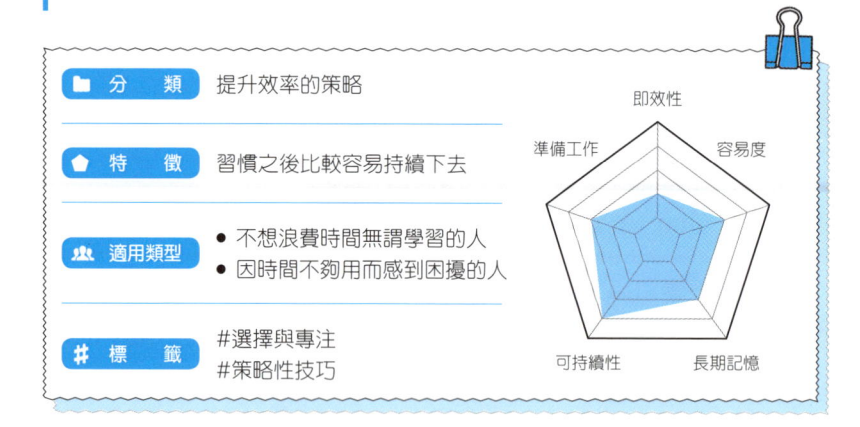

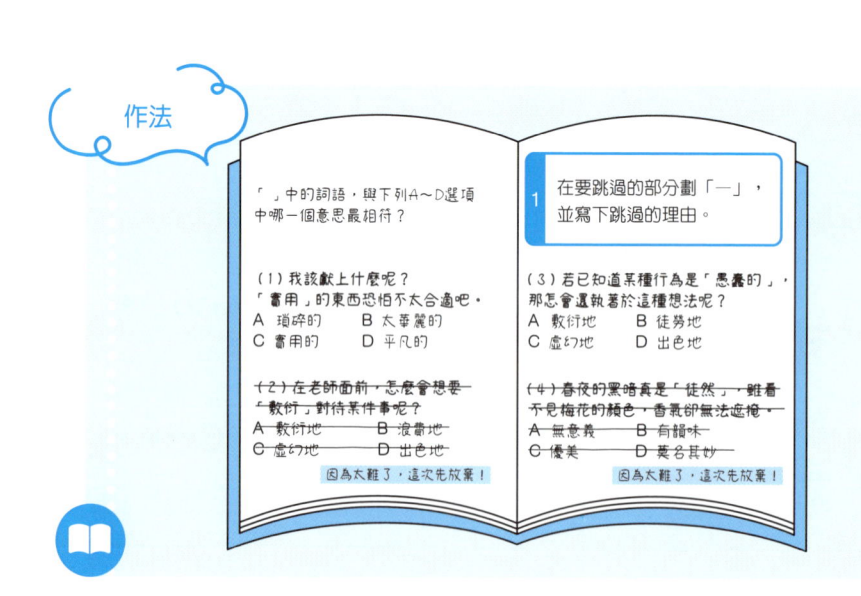

分類	提升效率的策略
特徵	習慣之後比較容易持續下去
適用類型	・不想浪費時間無謂學習的人 ・因時間不夠用而感到困擾的人
標籤	#選擇與專注 #策略性技巧

即效性／準備工作／容易度／可持續性／長期記憶

作法

1. 在要跳過的部分劃「—」，並寫下跳過的理由。

「」中的詞語，與下列A～D選項中哪一個意思最相符？

（1）我該獻上什麼呢？
「書用」的東西恐怕不太合適吧。
A 瑣碎的　　B 太華麗的
C 舊用的　　D 平凡的

（2）在老師面前，怎麼會想要「敷衍」對待某件事呢？
A 敷衍地　　B 浪費地
C 虛幻地　　D 出色地

因為太難了，這次先放棄！

（3）若已知道某種行為是「愚蠢的」，那怎麼還執著於這種想法呢？
A 敷衍地　　B 徒勞地
C 虛幻地　　D 出色地

（4）春夜的黑暗真是「徒然」，雖看不見梅花的顏色，香氣卻無法遮掩。
A 無意義　　B 有韻味
C 優美　　　D 莫名其妙

因為太難了，這次先放棄！

130　跳躍學習法

大家有試過跳躍（skip）嗎？除了輕輕單腳跳步前進之外，「跳過」或「省略」某些事情，也被稱為「跳躍（skip）」。

而「跳躍學習法」指的是在學習過程中跳過某些內容，也就是對某些部分進行省略。理論上，當然應該把教科書或參考書的所有內容都記住。但如果過於執著於這一點，反而可能讓學習變得不夠完整，最終無法順利通過作為目標的考試，這樣反而得不償失。

因此，我們應該**專注於學習那些較為重要且經常出現的考點，而對於較少考到的部分，可以簡單帶過**。跳躍學習法的關鍵就在於這個取捨的過程。

```
跳躍學習法的選擇標準

・花費過多時間
　的問題

・不常出題的領域

・難度較高


從這些單元開始準備
並不是明智的選擇
```

首先確認出題趨勢

跳躍學習法的基本原則是跳過「重要性較低的單元」來進行學習，而不是單純地「跳過不想學的單元」。

因此，在進行這種學習法之前，首先要確認考試中出題的趨勢。例如，你可以先回顧過去 15 到 20 年的考古題，並確認每年出題的範圍。

這樣一來，你就能看出出題的趨勢，例如「根據考古題的趨勢，微積分每年都會出題，但空間幾何圖形較少出現」。這樣就能預測到「微積分是一定要確實學習的，但即使空間幾何圖形學得不太深入，應該也能應付得來」。有些考試可能會提供整理過的出題範圍資料，但仍需自己親自確認。

「選擇與集中」

如果已經能預測哪些內容可以跳過，就可以停止學習那些項目，並將空出來的時間專心用來學習那些經常出現的重要內容。以先前的例子來說，就是把學習空間幾何圖形的時間轉移到微積分的學習上。

再次強調，這是一種從策略角度出發的有效方法，目的是跳過那些回報較低、效果不大的學習項目。絕對不能因為「太難了所以不想學」的理由而放棄學習。

有一種概念是「選擇與集中」，它強調有效利用有限的資源，因此必須縮小學習範圍。跳躍學習法正是基於這個概念。

> 📝 **感想與建議！**

　　據說有位東大生在大學入學考試中，完全沒有針對預期出題分數較低的領域進行學習。舉例來說，像是數學中的「空間幾何圖形」和「數據分析」，這些領域已經多年未曾出題，因此他根本沒有花時間學習這些內容。至於英文，他認為只要能掌握大意就能應付考題，因此也沒特別去學習慣用語或文法。他反而將時間集中在那些常考的英文長文和數學微積分等領域，進行深度學習。準備考試的關鍵在於如何運用時間。建議大家經常思考，該如何分配時間來應對各個領域。

推薦書籍

- 布施川天馬・著，《東大式時間術》（暫譯：東大式時間管理技巧），扶桑社。
  這本書可以教你 3 種努力的技巧：減少無謂的事情、提升效率，以及激發動力。

No. 27
番茄鐘工作法

將時間切割並提升效率的時間管理技巧

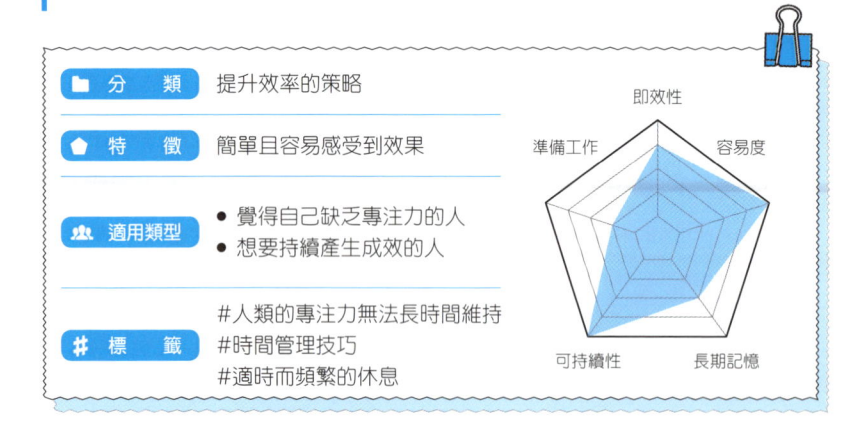

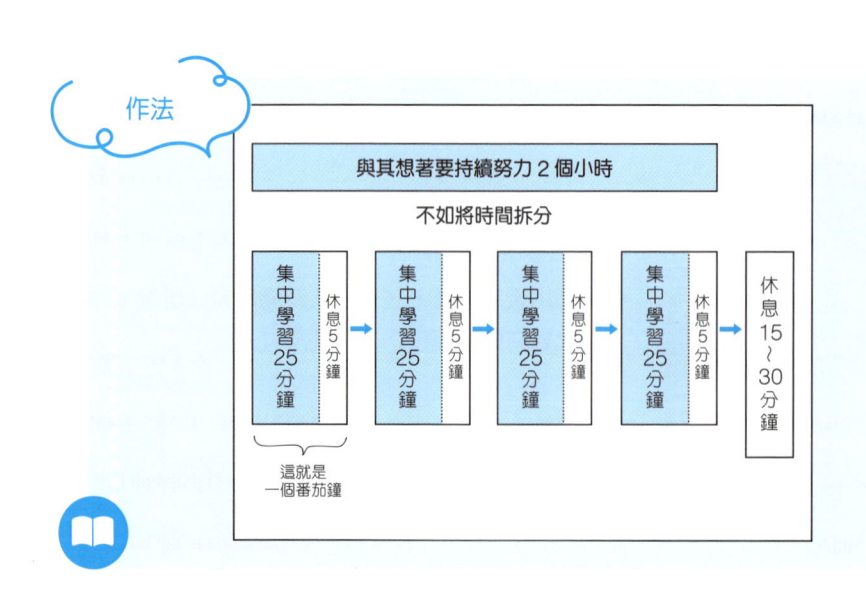

分　類	提升效率的策略
特　徵	簡單且容易感受到效果
適用類型	● 覺得自己缺乏專注力的人 ● 想要持續產生成效的人
標　籤	#人類的專注力無法長時間維持 #時間管理技巧 #適時而頻繁的休息

雷達圖：即效性、容易度、長期記憶、可持續性、準備工作

作法

與其想著要持續努力2個小時

不如將時間拆分

集中學習25分鐘 → 休息5分鐘 → 集中學習25分鐘 → 休息5分鐘 → 集中學習25分鐘 → 休息5分鐘 → 集中學習25分鐘 → 休息5分鐘 → 休息15～30分鐘

這就是一個番茄鐘

134　番茄鐘工作法

番茄鐘（Pomodoro）工作法是一種源自義大利的時間管理技巧。「Pomodoro」在義大利語中是「番茄」的意思，這種方法的發明者當時使用的是一個番茄造型的計時器，因此被命名為「番茄鐘工作法」。這個方法的原則是，每次工作 25 分鐘，時間一到便休息 5 分鐘。經過數個循環後，會安排 30 分鐘的較長休息時間。與其以長時間為單位安排工作，不如**將時間劃分為較短的區間，並穿插短暫的休息，這樣更能專注於每一項工作**。這種方法特別適合那些滿懷幹勁準備學習，卻往往只是耗費了時間，最後仍無法專心進入狀況的人。

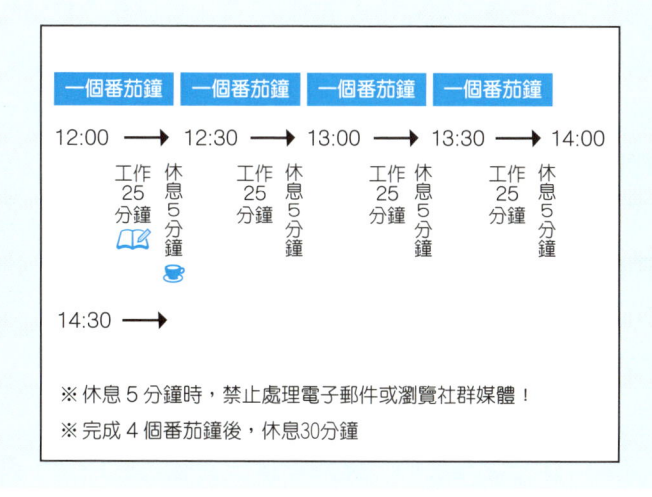

一個番茄鐘	一個番茄鐘	一個番茄鐘	一個番茄鐘
12:00 →	12:30 →	13:00 →	13:30 → 14:00
工作25分鐘 / 休息5分鐘	工作25分鐘 / 休息5分鐘	工作25分鐘 / 休息5分鐘	工作25分鐘 / 休息5分鐘

14:30 →

※ 休息 5 分鐘時，禁止處理電子郵件或瀏覽社群媒體！
※ 完成 4 個番茄鐘後，休息30分鐘

基本的方法

舉例來說，當你有 2 個小時的時間時，可以將其劃分為 4 個「25 分鐘加 5 分鐘」的 30 分鐘循環。也就是說，**專心工作 25 分鐘，接著短暫休息 5 分鐘**。

為什麼要將工作時間限制在 25 分鐘？因為**人的專注力持續時間其實比想像中還要短**。你可能也有過這樣的經驗，原本滿懷幹勁地想著「開始工作吧！」但不到 30 分鐘就覺得疲憊不堪。將工作時間縮短，集中精神，更能有效提升效率。

這種方法的另一個目的，是將工作進行拆解。當有人對你說：「請在 2 小時內完成這項工作」時，如果換成「你有 4 個 25 分鐘的工作時間，請在這段時間內完成這項工作」，是不是會更好掌握進度？將整體工作劃分成 4 個部分，並將複雜的任務簡化，這樣就能更清楚地掌握該做的事情。

學習也是如此，與其告訴自己：「今天要學習 2 小時！」不如改成「我要在 2 小時內讀完這本書的 20 頁！」這樣更具體的目標。只要以「25 分鐘讀 5 頁」的節奏重複 4 次，就能達成目標。

有時候，你可能會因為情緒高漲而不想休息，但這時應該克制自己急於繼續的心情，適時休息。這樣在重新開始工作時，就能迅速進入狀況，並且清楚記得「接下來要做這個！」也就是說，工作與休息的循環非常重要。

長時間的休息也很重要

當學習進行到一定程度時，建議安排一次較長的休息，例如

30 分鐘左右。每 2 到 3 小時休息一次較長的時間會比較理想。即使經常休息，疲勞還是會逐漸累積。這種時間管理技巧的重要目的是「有效率地推進工作」，因此當效率開始下降時，應該適時安排較長的休息時間。

> **感想與建議！**
>
> 　　許多東大生在考生時期也會用這種方法來自習。他們會在自習室裡，採取「25 分鐘學習、5 分鐘休息」的節奏，25 分鐘內專心坐在書桌前學習，接著花 5 分鐘離開座位，到休息區放鬆。這樣做的目的是刻意讓自己離開書桌透透氣，讓心情得到放鬆。

推薦書籍

- 法蘭西斯科・西里洛・著，齋藤裕一・譯《どんな仕事も「25 分 +5 分」で結果が出る ポモドーロ・テクニック入門》（暫譯：所有工作都能用「25 分鐘 +5 分鐘」的方式達到效果　番茄鐘工作法入門），CCC Media House。
這本書能讓你更深入掌握番茄鐘工作法的運用技巧。

CHAPTER 2　實用的學習法

No. 28
交叉閱讀學習法

同時閱讀 2 本書,並找出「意見分歧的部分」

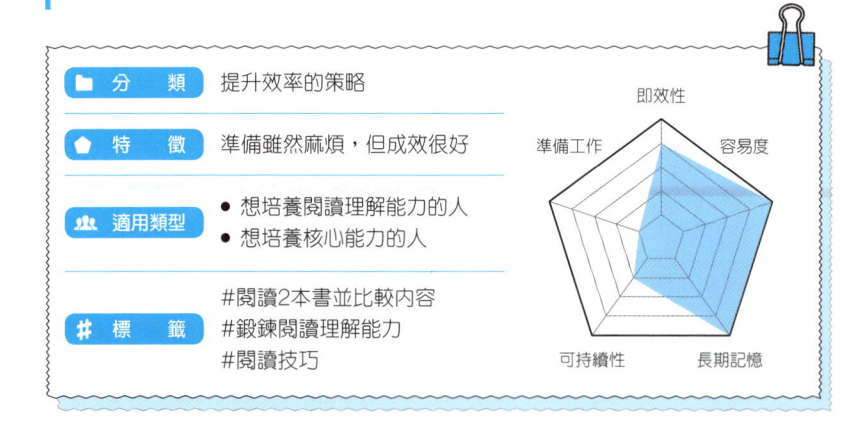

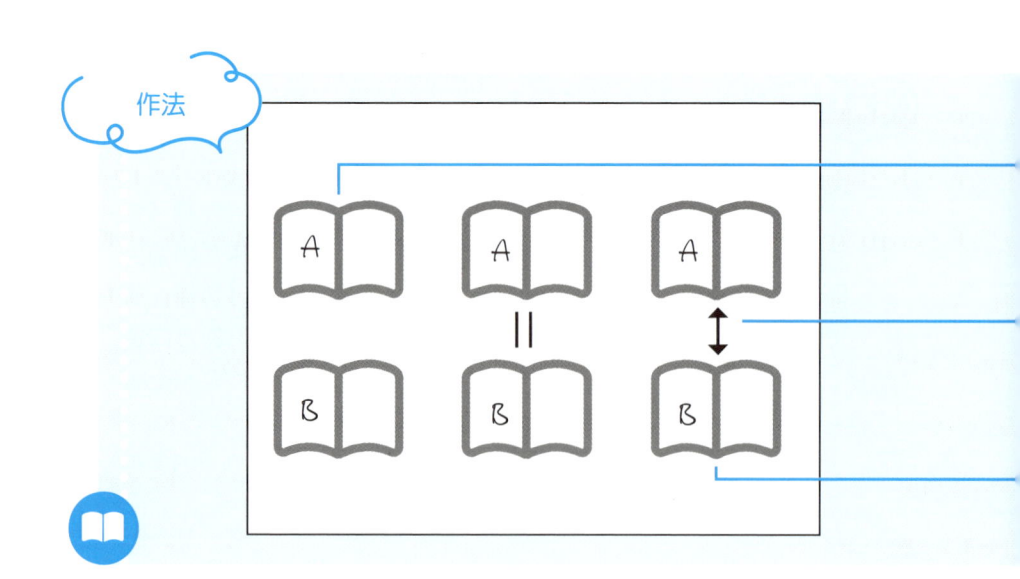

- **分　類**　提升效率的策略
- **特　徵**　準備雖然麻煩,但成效很好
- **適用類型**
  - 想培養閱讀理解能力的人
  - 想培養核心能力的人
- **標　籤**
  #閱讀2本書並比較內容
  #鍛鍊閱讀理解能力
  #閱讀技巧

雷達圖軸:即效性、容易度、長期記憶、可持續性、準備工作

作法

A／B　　A=B　　A↕B

138　交叉閱讀學習法

「交叉閱讀」是一種**同時閱讀２本討論同一主題書籍，並尋找「意見對立之處」**的閱讀方法。如果發現２本書在某些觀點上有所不同，可以將這些差異記錄在筆記本上，整理出各自的表述方式，並比較它們究竟在哪些地方出現分歧。對於教科書或參考書，也可以透過這種方法，閱讀並比較同一領域的解釋。這樣一來，就能發現在２本書中，某些詞彙的定義可能不同，或者一方特別強調的內容，另一方卻可能輕描淡寫。

　　當你能親身體會到「即使是同樣的主題，意見也完全不同」，並感受到思維的多樣性，那就算是成功了。**在閱讀時思考「意見分歧究竟出現在哪裡？」不但能大幅提升閱讀理解能力，還能鍛鍊客觀且多元的思考能力。**這就是交叉閱讀學習法的應用方式。

1. 找尋２本相同主題的書籍，並同時閱讀這２本書

2. 即使是在相同的情境下，２本書的表述方式也會有所不同

3. 試著找出它們之間的差異點！

交叉閱讀的方法

首先，準備 2 本主題相似的書籍。如果已經有一本書是你想讀的，就依此選擇另一本。建議選擇在相同主題下，但「觀點不同」的書籍。例如，可以選擇一本對某個主題持肯定態度的書，和一本持否定態度的書；一本從文化角度探討的書，和一本從科學角度分析的書；一本從微觀視角切入的書，和一本從宏觀視角分析的書；或者一本針對兒童的書，和一本針對成人的書……對比的方向有很多種。

確定好 2 本書後，首先閱讀第一本書到某個適當的段落，再開始讀第二本書。可以在讀完第一本的第一章後，再讀第二本的第一章，這樣保持大致相同的速度交替閱讀。在閱讀過程中，如果發現「咦，另一本書寫的內容好像不一樣……」或「這裡的根據似乎不夠充分，另一本是怎麼寫的？」等異常感受時，可以將這些想法寫在筆記裡。

閱讀進度達到一定程度後

當 2 本書讀到一定的進度後，可以開始比較書中標註的部分，看看它們在表述方式上有何不同，並將這些對比整理在筆記裡。例如，肯定派的意見是這樣，但反對派則有不同的看法；這個地區出現了這樣的影響，但從全球的角度來看，情況又是另一回事。此時你會發現，即使是同一個主題，也有多元的視角。了解「意見分歧的部分」後再進一步閱讀，會幫助你對內容有更深刻的理解。

> ✏️ **感想與建議！**
>
> 習慣進行「交叉閱讀」並找出「意見分歧的部分」後，能幫助你更全面地理解朋友之間的對話，或是在網路上看到的各種觀點。透過比較和驗證不同的意見，你的思維會變得更加開闊，閱讀理解能力也會顯著提升。此外，當你在享受小說、漫畫、電影等虛構作品時，也可以運用這種「交叉閱讀」的技巧。正確理解故事中角色之間的對立點，能讓你更深入地體會故事的內涵。

推薦書籍

- 西岡壱誠・著，《「読む力」と「地頭力」がいっきに身につく　東大読書》，東洋經濟新報社。
  這本書彙整並濃縮東大生實踐的閱讀技巧，讓你能夠快速閱讀、牢記內容並應用所學。
  ※ 劉格安譯，《絕對高分！東大生的便條紙閱讀拆解術》，三采文化。

No. 29

手機學習法

手機也能根據使用方式發揮效果！

分類	提升效率的策略
特徵	既輕鬆又能幫助記憶的方法
適用類型	● 沒有時間複習的人 ● 不停滑手機的人
標籤	#用手機拍照製作錯題本 #提醒功能 #在晚上加深記憶

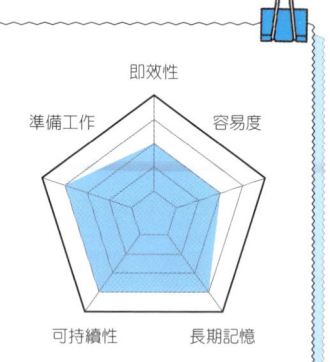

（雷達圖：即效性、容易度、長期記憶、可持續性、準備工作）

錯題本

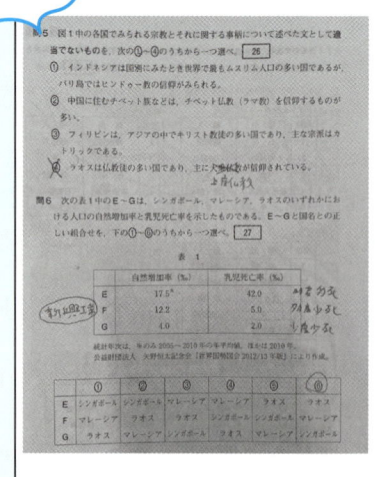

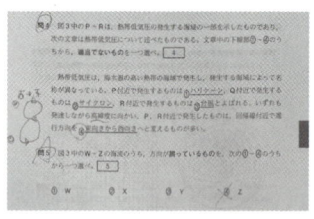

1. 製作一個「錯題本」，把解不出來的問題集中起來

142　手機學習法

手機學習法是利用智慧型手機的功能來進行學習。對某些人來說，手機是我們生活中密不可分的裝置，甚至可能會花掉大部分清醒的時間在上面。這樣的手機長期以來一直被視為學習時的阻礙。事實上，許多人都曾感嘆：「明明打算學習，卻不知不覺把時間浪費在 YouTube 或 TikTok 上。」然而，手機若加以適當運用，也能對學習發揮顯著的效果。

手機畫面

2024/01/01
12:30
寮國佛教徒居多，
信奉「上座部佛教」

2　把解不出來的問題設為手機桌面

製作「錯題本」

這是一種**透過拍照記錄錯題**的學習方法。例如，當你做錯題目或查詢不懂的英文單字時，可以用手機拍照或截圖，將它們統一存放在相簿資料夾中，並每天至少回顧一次。回顧這些錯題，能幫助你理解自己不會的部分，補強知識漏洞，並避免再次犯同樣的錯誤。此外，應定期新增錯題照片，並刪除那些「已經掌握」的內容。這樣做能提升「錯題本」的準確度。有時候，你會發現某些錯誤一直出現在相簿裡，這時你就能意識到「這正是自己的弱點」；當相簿裡的錯題逐漸減少時，你也能清楚感受到「自己正在進步」。關鍵在於，以圖片而非純文字的方式來保存這些資訊。

善用提醒應用程式

在一天結束時，就像對明天的自己說話一樣，記下「一定要記住的事」或「不想忘記的事項」，並設定提醒應用程式，讓它定期提醒你。例如：「絕對不能拼錯這個單字！」或「鎌倉幕府成立於1185年！」這些知識或教訓可以輸入提醒應用程式，讓它在適當的時機提醒你。除了手機內建的提醒應用程式之外，也可以試試「remaindo」這款專門的提醒應用程式。順帶一提，**提醒時間有一個黃金法則：「早上適合提醒教訓，晚上適合記憶內容」**。

早晨是讓自己振作的時刻，收到教訓類的提醒能激發你「好，開始行動！」的決心。另一方面，晚上睡前則是所謂的「記憶的黃金時段」，因為記憶會在睡眠期間進行整理，所以這時候記住一定要記住的資訊的成功率較高。

> **感想與建議!**
>
> 可以結合上述 2 種方法,將「絕對不想再答錯的問題」或「一定要記住的內容」以圖片的形式放在手機的主畫面(手機一打開的畫面)上。雖然只能放一到兩個,但是每次使用手機時這些內容就會出現,能有效加深記憶。

推薦書籍

- 西岡壱誠・著,《東大式スマホ勉強術》(暫譯:東大式智慧型手機學習法),文藝春秋。這本書介紹了許多運用智慧型手機進行高效率學習的方法。

03 對學習有幫助的思考方法

大家常討論「頭腦的好壞是天賦嗎？」這個問題，但我認為這並非如此。接下來，將介紹一些對工作也非常有幫助的思考方法。

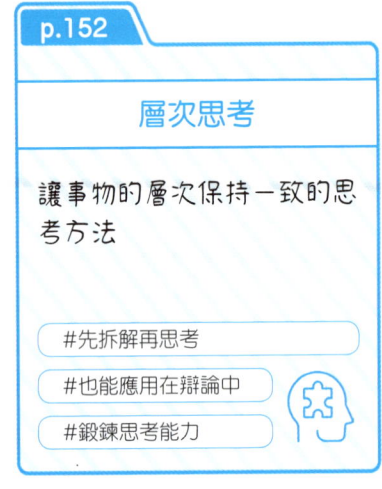

p.148

自我辯論學習法

從辯論的角度分為正反兩面來整理的學習法

#也能應用在英文寫作上
#從不同角度看待事物
#來進行辯論吧

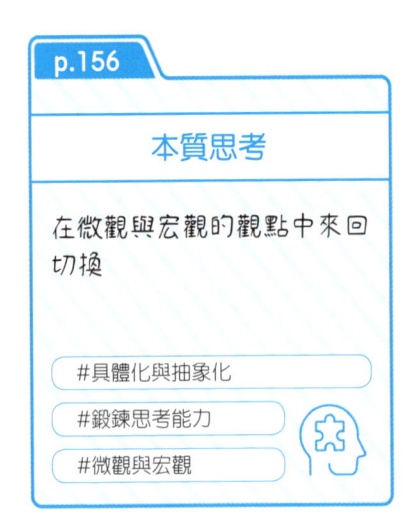

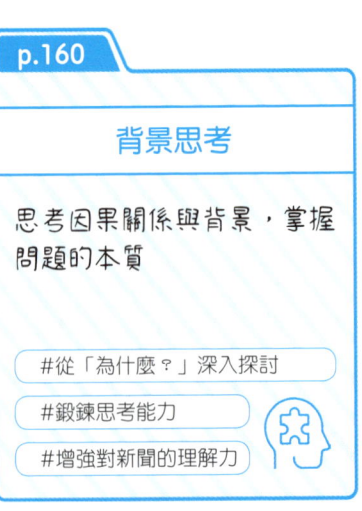

---

p.152

層次思考

讓事物的層次保持一致的思考方法

#先拆解再思考
#也能應用在辯論中
#鍛鍊思考能力

---

p.156

本質思考

在微觀與宏觀的觀點中來回切換

#具體化與抽象化
#鍛鍊思考能力
#微觀與宏觀

---

p.160

背景思考

思考因果關係與背景，掌握問題的本質

#從「為什麼？」深入探討
#鍛鍊思考能力
#增強對新聞的理解力

發現！

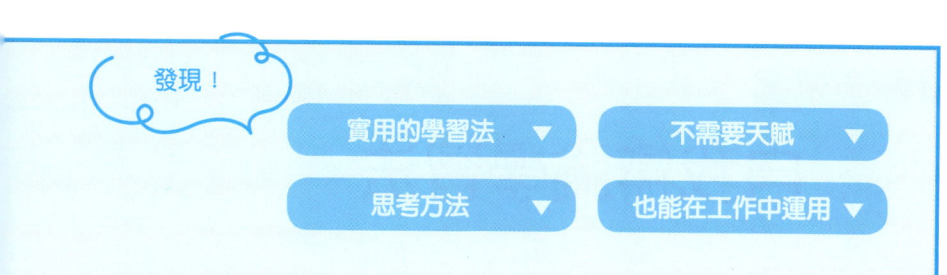

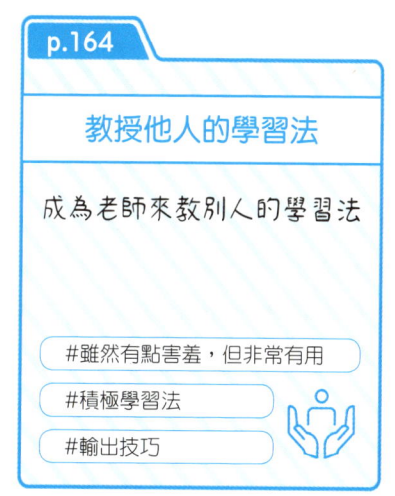

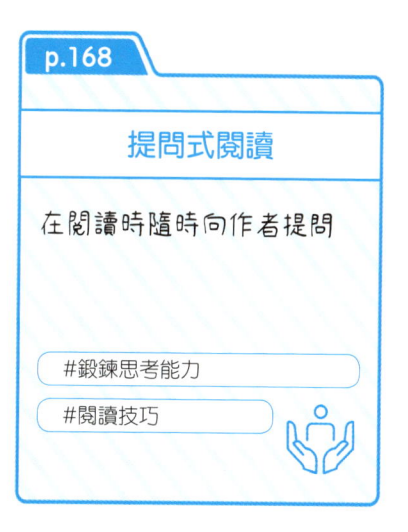

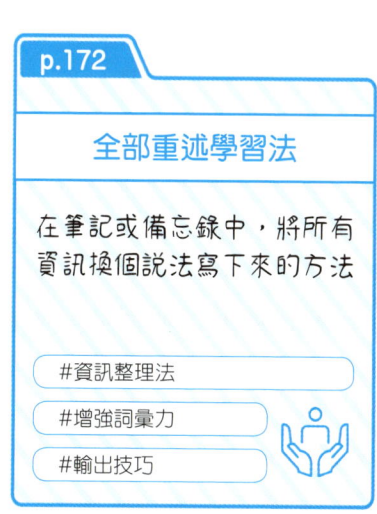

- 實用的學習法 ▼
- 不需要天賦 ▼
- 思考方法 ▼
- 也能在工作中運用 ▼

p.164
教授他人的學習法
成為老師來教別人的學習法

#雖然有點害羞，但非常有用
#積極學習法
#輸出技巧

p.168
提問式閱讀
在閱讀時隨時向作者提問

#鍛鍊思考能力
#閱讀技巧

p.172
全部重述學習法
在筆記或備忘錄中，將所有資訊換個說法寫下來的方法

#資訊整理法
#增強詞彙力
#輸出技巧

No. 30 自我辯論學習法

從辯論的角度分為正反兩面來整理的學習法

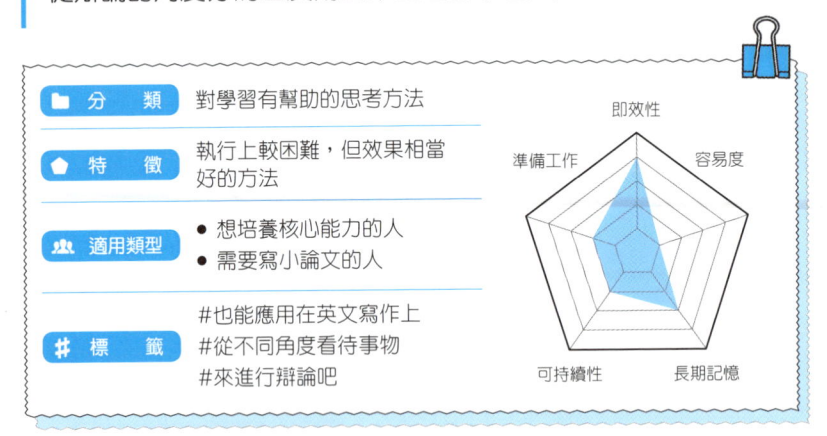

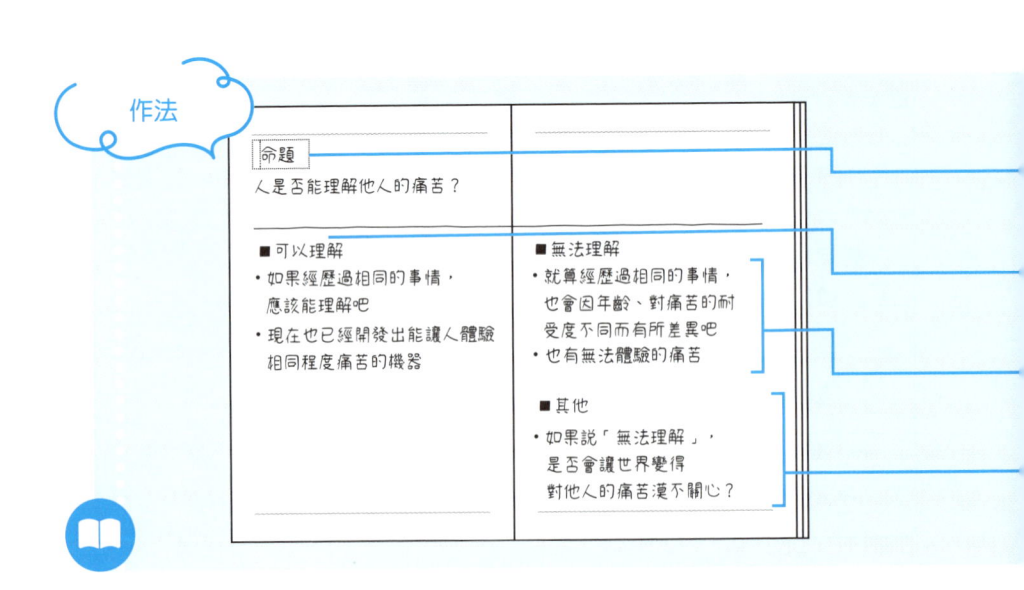

分　類	對學習有幫助的思考方法
特　徵	執行上較困難，但效果相當好的方法
適用類型	● 想培養核心能力的人 ● 需要寫小論文的人
標　籤	#也能應用在英文寫作上 #從不同角度看待事物 #來進行辯論吧

雷達圖座標：即效性、容易度、長期記憶、可持續性、準備工作

作法

命題
人是否能理解他人的痛苦？

■可以理解
・如果經歷過相同的事情，應該能理解吧
・現在也已經開發出能讓人體驗相同程度痛苦的機器

■無法理解
・就算經歷過相同的事情，也會因年齡、對痛苦的耐受度不同而有所差異吧
・也有無法體驗的痛苦

■其他
・如果說「無法理解」，是否會讓世界變得對他人的痛苦漠不關心？

自我辯論學習法是一種**運用辯論思維來整理自己對某一事物看法的方法**。首先，從任何一個觀點開始學習，然後列出贊成與反對的理由，並舉出具體的事例來支持或反駁該觀點。在這個過程中，關鍵不在於單純蒐集「贊成或反對的意見」，而是要同時蒐集兩方的觀點。透過整理各方主張的分歧點與爭論的焦點，可以培養從多角度來看待事物的能力。

1. 製作命題
2. 整理兩方意見
3. 明確標註反駁的論點
4. 除了「是」或「否」，可能有其他的觀點！

整理贊成與反對的觀點

對於同一件事,往往會有贊成的意見,也會有反對的意見。就像有光就會有陰影,歷史與地理也常常呈現出這樣的對比。例如,產業革命讓英國擁有了強大的工業實力,甚至被譽為「世界工廠」,但同時也帶來了長時間勞動等至今仍未解決的許多勞動問題。再比如,興建水庫的好處包括減少洪水等水災、解決缺水問題,但相對地,也有耗費龐大稅金,甚至破壞生態系統的壞處。因此,面對各種議題,我們應該清楚地整理出贊成與反對的觀點。

舉例來說,假設你讀到這句英文:「It is not possible to understand other people's pain.」(人無法理解他人的痛苦)。你可能會先想到贊成的觀點:「的確,我從來沒被車撞過,無法理解被車撞的痛苦。」但隨後,你也許會想到:「咦?可是很多人都有骨折的經驗吧?那應該能理解骨折的痛苦吧?」可以試著從自己熟悉且容易理解的角度思考看看。

在這個過程中,最重要的是找到「論點」。例如「像生產這類的痛苦,對某些人來說是無法體驗的」或者「即使無法完全理解,也能抱持願意理解的態度」。這樣就能找出贊成與反對的分歧點。

各種自我辯論

在網路文章或新聞節目中,也會出現「自我辯論」的情況。僅陳述贊成意見的新聞,或僅傳達反對意見的文章,常常讓人覺得缺乏客觀性。因此,養成同時確認肯定與否定意見的習慣,對於任何一篇文章,即便是一些微不足道的新聞,都可以提醒自己:「我是

不是只聽到了肯定的意見？反對的意見又是什麼？」這樣的自我調整平衡方法，也值得推薦給大家。

> 📝 **感想與建議！**
>
> 　　許多東大生在準備英文寫作時，會遇到像是「　成還是反對」這類的題目，他們通常會採用上述的學習法。在這個過程中，他們不僅會寫出　成的意見，也會練習表達反對的觀點。這樣一來，相較於只寫　成意見，他們能夠擁有更寬廣的視野。

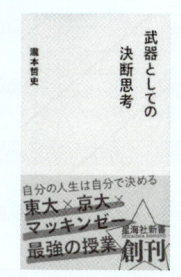

推薦書籍

- 瀧本哲史・著，《武器としての決斷思考》，星海社新書。
  這本書彙整了將辯論技巧應用於日常生活與商業領域的方法。

　※ 江裕真譯，《決斷思考就是你的武器　自己的人生自己戰鬥！》，天下文化。

No. 31

層次思考

讓事物的層次保持一致的思考方法

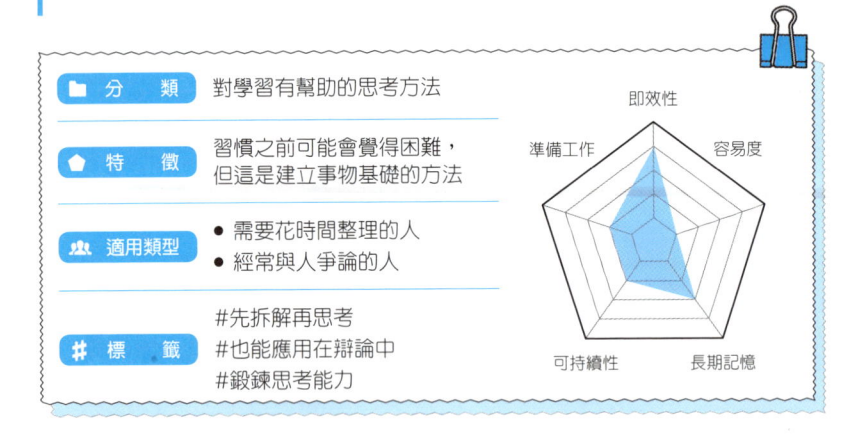

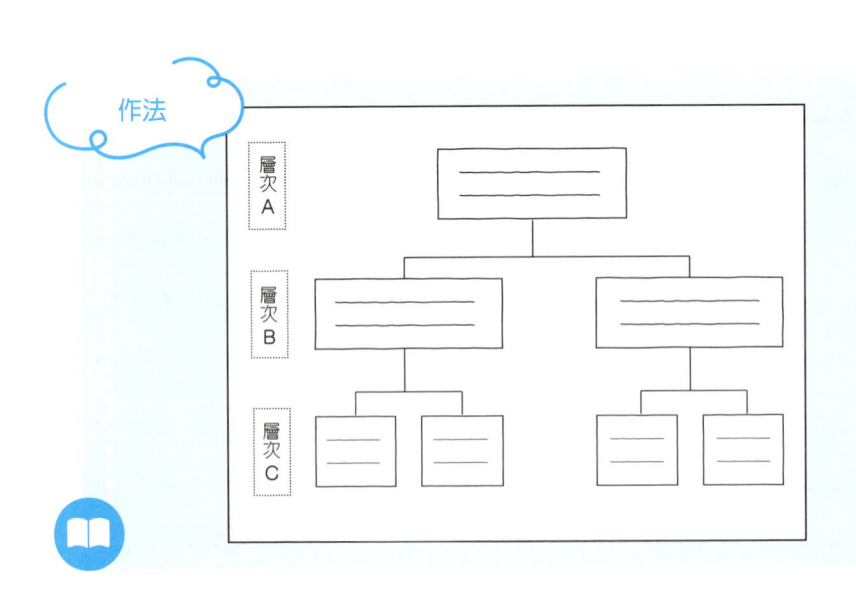

分　　類	對學習有幫助的思考方法
特　　徵	習慣之前可能會覺得困難，但這是建立事物基礎的方法
適用類型	● 需要花時間整理的人 ● 經常與人爭論的人
標　　籤	#先拆解再思考 #也能應用在辯論中 #鍛鍊思考能力

雷達圖座標：即效性、容易度、長期記憶、可持續性、準備工作

作法

層次 A
層次 B
層次 C

152　層次思考

「layer」是指「層次」，可以想像成地層，這樣會比較容易理解。從這個概念出發，「層次思考」就是指在思考時，讓事物的細緻程度與層次保持一致。舉例來說，討論「公司經營狀況惡化」這個問題時，如果一方說「應該削減經費」，另一方說「應該發放優惠券」，這樣的討論是無法解決問題的。因為他們討論的是完全不同層面的問題。「削減經費」和「提高營業額」從提升獲利的角度來看，屬於同一層次的問題。然而，發放優惠券是針對提高營業額的具體措施，這之前應該先討論的問題是「應該優先處理削減經費還是提高營業額」。在這種情況下，我們需要從抽象的命題開始，依照層次調整思考的順序。

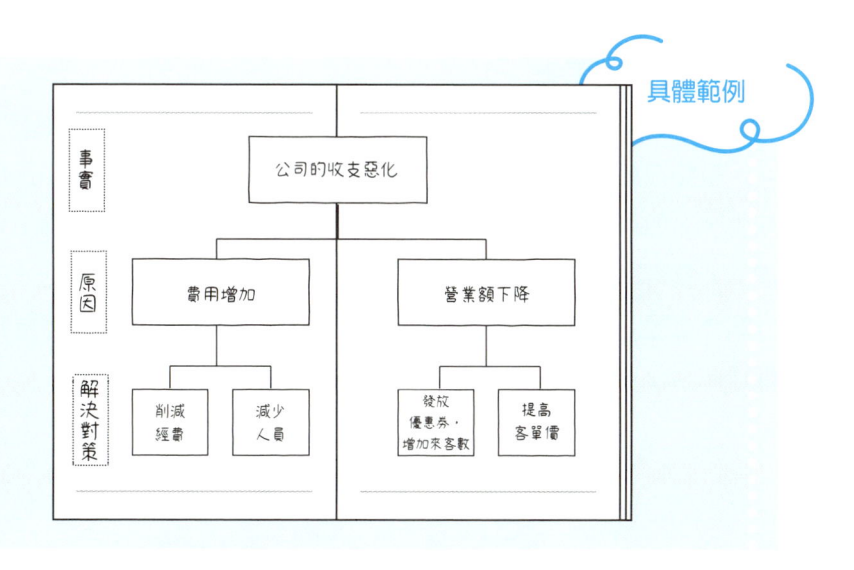

具體範例

```
事實    ┌─────────────┐
        │  公司的收支惡化  │
        └───────┬─────┘
                │
原因    ┌───────┴───────┐
     ┌──┴──┐       ┌──┴──┐
     │費用增加│       │營業額下降│
     └──┬──┘       └──┬──┘
        │              │
解決對策 ┌─┴─┐ ┌─┐   ┌──┴──┐ ┌──┐
        │削減│ │減少│   │發放 │ │提高│
        │經費│ │人員│   │優惠券│ │客單價│
        └──┘ └──┘   │增加來客數│ └──┘
                    └─────┘
```

將事物拆解並加以整理

在實踐層次思考時，我們會**像拆解大型命題一樣，逐步整理事物**。舉例來說，若從「為何這個地區的人口正在減少？」這個問題開始分析，首先要拆解出「人口減少的原因」。人口減少的因素可以分為兩類：一是「該地區新生兒數量減少」，二是「遷入該地區的人數少於遷出人數」。在進一步分析前，應該先將這兩個因素區分開來。

接著，再將這些拆解出來的因素進一步細分。例如，分析「該地區新生兒數量減少」的原因時，可以考量兩個方面：「該地區育兒環境尚未完善，導致生育意願降低」，以及「適齡生育的夫妻本來就不多」。至於「遷入該地區的人數少於遷出人數」這個問題，也可以進一步拆解為「外地人口不願遷入」與「當地區民居民大量外移」這兩個層面來探討。

按照層次來思考

重點在於，必須按照層次來思考。「為何這個地區的人口正在減少？」如果直接回答「因為缺乏吸引力」或「因為育兒環境不完善」，就容易引起混淆：「『育兒環境』不就是『吸引力』的一部分嗎？」因此，仔細地拆解各種因素，才能理清層次，使思考更有條理。

> 📝 **感想與建議！**
>
> 　　層次思考同樣適用於討論場合。許多人在討論時，往往會直接說出腦中浮現的想法。然而，我們應該以「從宏觀命題逐層向下展開」的方式來進行討論。這樣一來，討論的層次就能保持一致，使交流更加有條理。

推薦書籍

- 永田耕作．著，《東大生の考え型》，日本能率協會 Management Center。
  這本書彙整了各種不同的思考模板。
- ※黃薇嬪譯，《東大生的萬用思考術：工作、創業、學業都有用的 29 種思考模板，練就未來人才的 9 大能力》，漫遊者文化。

No. 32

本質思考

在微觀與宏觀的觀點中來回切換

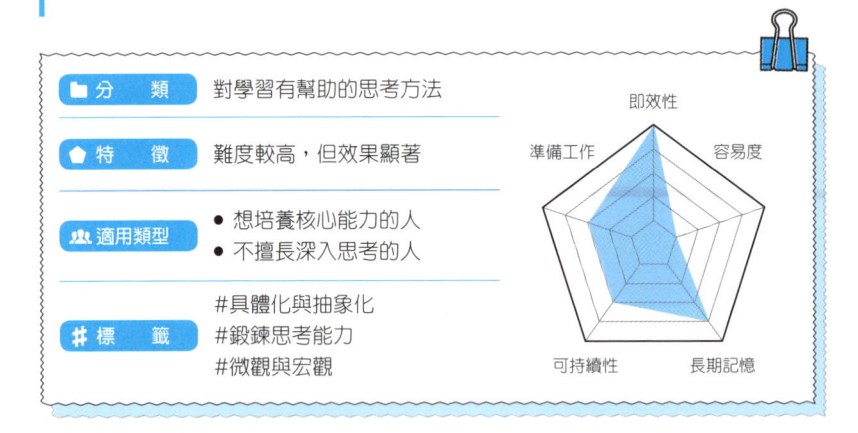

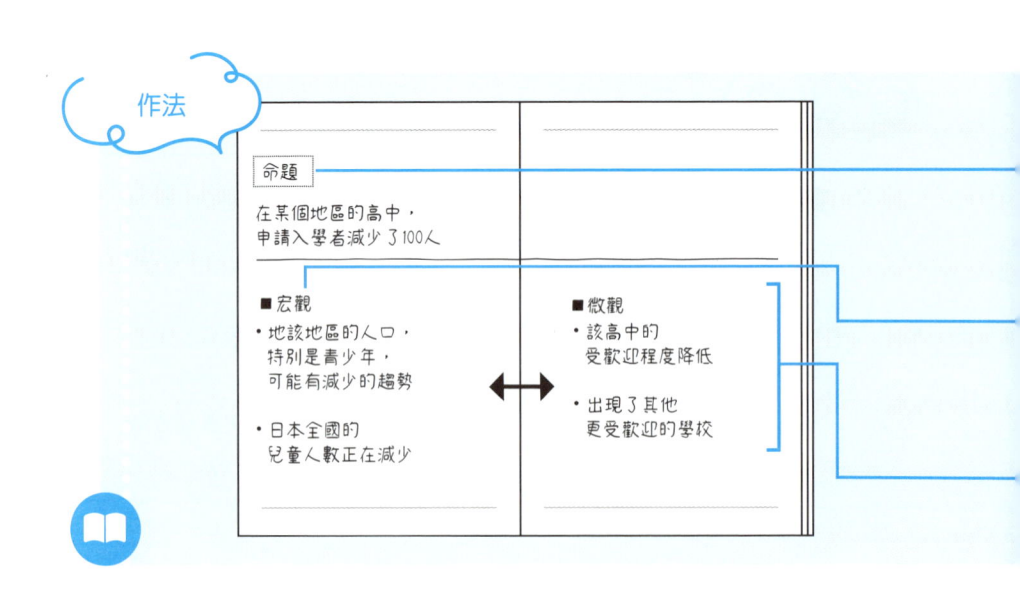

📁 分　類	對學習有幫助的思考方法
🔷 特　徵	難度較高，但效果顯著
👥 適用類型	・想培養核心能力的人 ・不擅長深入思考的人
#️⃣ 標　籤	#具體化與抽象化 #鍛鍊思考能力 #微觀與宏觀

雷達圖：即效性、容易度、長期記憶、可持續性、準備工作

作法

命題：在某個地區的高中，申請入學者減少了100人

■宏觀
・該地區的人口，特別是青少年，可能有減少的趨勢
・日本全國的兒童人數正在減少

↔

■微觀
・該高中的受歡迎程度降低
・出現了其他更受歡迎的學校

156　本質思考

本質思考是指透過各種方法來思考「為什麼？」的思維方式。透過「為什麼」這個問題，我們可以達到本質的理解，例如：「為什麼天空是藍色的？」「為什麼貓這麼任性？」「為什麼 1853 年培里的艦隊會來到日本？」等等。

　　舉例來說，「Q. 為什麼日本關門歇業的商店街越來越多？」「A. 由於汽車普及，配有停車場的大型超市增多，導致車站附近的商店街需求減少。」這樣的思考方式能幫助我們掌握問題的本質，並能加以運用。比方說，我們可以這樣思考：「商店街的衰退是由於汽車普及，導致車站的乘客減少，進而對車站附近的商店和車站本身造成影響。」

　　這種思考方式包含**「具體化」**和**「抽象化」**兩種方法。具體化是將問題具體呈現並加以補充說明，而抽象化則是將問題延伸到其他領域並加以運用。

1　插入一個命題

2　寫出能延伸思考的內容

3　以具體或抽象的方式描述

具體化與抽象化

舉例來說，當我們遇到「為什麼貓這麼任性？」這樣的問題時，可以思考「什麼樣的行為會讓人覺得牠很『任性』？」或「看到什麼舉動會讓人覺得這隻貓『真任性』？」進而更具體地思考「為什麼貓不像狗一樣，叫牠過來時卻不理人呢？」

相反地，也可以從更抽象的角度思考，「『任性』這個特徵，不僅是貓，可能對整個貓科動物來說都適用吧？」或「除了任性，或許還能解釋為牠們不聽從人類的指示，甚至不聽從群體領袖的命令吧？」

在這種將問題具體化或抽象化的過程中，更容易找到問題的答案，並且能夠對事物有更本質的理解。

有意識地進行比較

在進行具體化或抽象化的過程中，**有意識地加入比較的角度，會讓思考順利**。

舉例來說，我們來看「廢棄率」這個數據。「廢棄率」是指在食用某種食材時，會丟棄掉多少部分，通常以廢棄部分的重量占食材總重量的比例來表示。例如香蕉皮無法食用，因此在食用時需要去除，這樣的廢棄率大約是 40%。

光聽這樣的數據，或許不容易理解。但如果拿來和其他水果比較，會怎樣呢？例如，蘋果的廢棄率是 15%，櫻桃是 10%。桃子和葡萄的廢棄率也較低，約為 15%，而哈密瓜的廢棄率較高，高達 50%。這樣一比，就可以看出數據之間存在一定的差異。

像這樣進行比較後,自然會冒出更多疑問,例如「為什麼哈密瓜的廢棄率這麼高?」或是「桃子的廢棄率意外地低,這是為什麼呢?」於是問題就會變得更加具體,比如「為什麼哈密瓜的廢棄率那麼高?」同時也能提出像「廢棄率較高的水果有什麼特徵?」這種抽象問題。

> **感想與建議!**
>
> 許多東大生平常就在實踐這種本質思考,因為東大的入學考試經常會出現需要運用這種思考方式的題目。像前面提到的「為什麼關門歇業的商店街越來越多?」這其實就是東大考題之一。又比如「為什麼東京都會有這麼多藍莓農場?」這道題目也曾經出現在考題中。如果你覺得自己不擅長抓住問題的本質,不妨多接觸這類被稱為「思考力問題」的題目。

推薦書籍

- 宇野仙・著,《「ドラゴン桜」式クイズで学ぶ東大思考》(暫譯:「用《東大特訓班》風格的測驗學習東大思維」),星海社新書。
這本書以東大的入學考試題目為基礎,結合地理老師的帶領,透過測驗的方式學習本質思考等方法。

No. 33 背景思考

思考因果關係與背景，掌握問題的本質

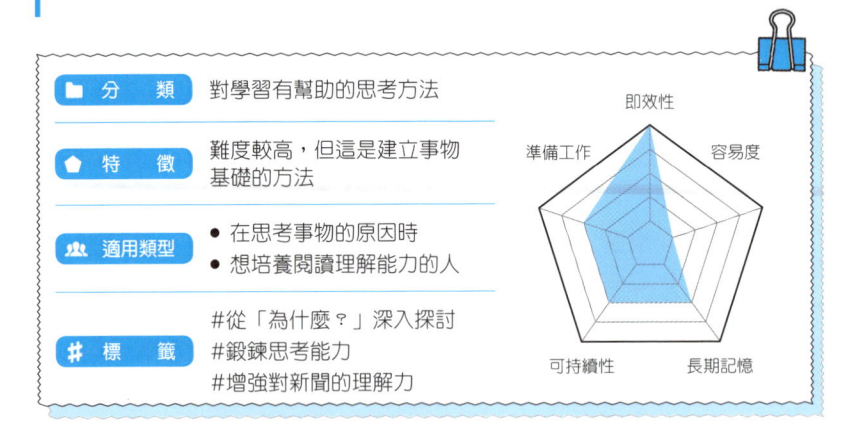

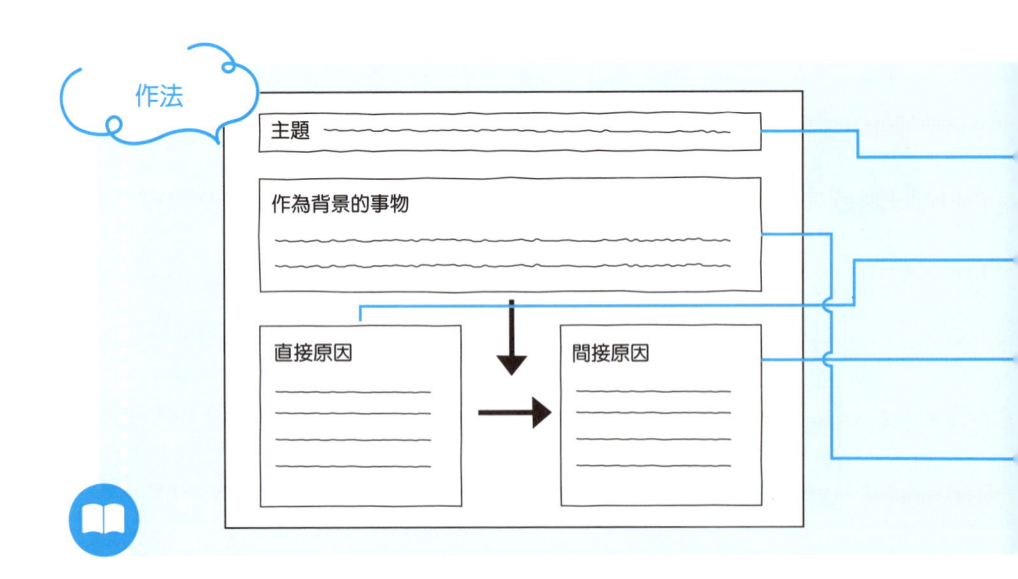

- **分類**：對學習有幫助的思考方法
- **特徵**：難度較高，但這是建立事物基礎的方法
- **適用類型**：
  - 在思考事物的原因時
  - 想培養閱讀理解能力的人
- **標籤**：
  #從「為什麼？」深入探討
  #鍛鍊思考能力
  #增強對新聞的理解力

雷達圖：即效性、容易度、長期記憶、可持續性、準備工作

作法

- 主題
- 作為背景的事物
- 直接原因 → 間接原因

160　背景思考

背景思考是一種探究問題背後「背景」的思考方法。例如，面對「為什麼最近車站前的商店街變得冷清，關門歇業的商店街越來越多？」這個問題，如果回答「因為越來越多人不再去商店街購物」，這樣的說法雖然沒錯，但並不夠完整。許多人可能會進一步想問：「那為什麼大家不去商店街購物了？」這時，關鍵就在於「背景」。舉例來說，可能的原因包括「因為越來越多可以開車前往、一次購足的大型購物中心出現」，或是「當地搭車的人減少，改成開車移動的人變多」等等。如果不了解這些背景因素，就無法說是真正掌握問題的全貌。

1. 寫下想要探討的問題或疑問
2. 思考這個問題的表面或直接原因
3. 進一步探討背後的間接原因
4. 根據 3 的步驟，全面思考問題的背景

深入探討問題

首先,先把想要探討的「問題」寫在筆記本上。接著思考並記下這個問題的表面原因或直接原因。再進一步探討其背後更深層的原因,也就是再問一次,為什麼會出現這些表面或直接的原因?

舉例來說,面對「為什麼關門歇業的商店街越來越多?」這個問題,可能先想到的答案是「因為人們不再去商店街購物」,接著就要進一步追問:「那為什麼會這樣?」

又比如「為什麼Ａ公司會倒閉?」→「因為出現財政赤字」→「那為什麼會出現財政赤字?」像這樣不斷地深入探討問題。問題越深入,越能了解其背後根本的原因。

不斷追問「為什麼」,加深對問題的理解

如果無法掌握事物背後的本質,就無法說是真正的理解。以豐臣秀吉實行的「刀狩」為例,當時他命令沒收農民手中的刀具和金屬農具。他的解釋是「因為要用金屬來建造大佛,所以請農民捐出刀具和鐵製農具」。事實上,這些金屬的確被用來鑄造大佛,但這只是一個表面上的說法。秀吉真正的目的,其實是為了防止農民叛亂,進而沒收他們的武器。當時農民起義頻繁,正是他下達這個政策的背景。如果只滿足於一個原因,就難以接近真正的答案。我們必須從不同的角度來看待事物,**持續深入挖掘「為什麼」,不斷往下追問**。

> 📝 **感想與建議!**
>
> 　　東大生在學習歷史時,一定會去思考「當時的背景是什麼?」例如,雖然大家都知道培里來航發生在 1853 年,但他們會進一步探究:19 世紀究竟是怎樣的一個時代。此外,對於社會上發生的重大新聞和事件,他們也會特別去了解時代背景和相關詞彙。希望大家也能用這種方法來學習。

推薦書籍

- 西岡壱誠・著,《「考える技術」と「地頭力」がいっきに身につく　東大思考》,東洋經濟新報社。
  這本書介紹了一些實用的技巧,將東大生的思考模式轉化為每個人都可以模仿的具體方法。

※ 楊毓瑩譯,《東大生的強者思維特訓課:提升記憶、表達、分析、創造力,不只考高分,任何事都學得快、做得好!》,商周出版。

No. 34

教授他人的學習法

成為老師來教別人的學習法

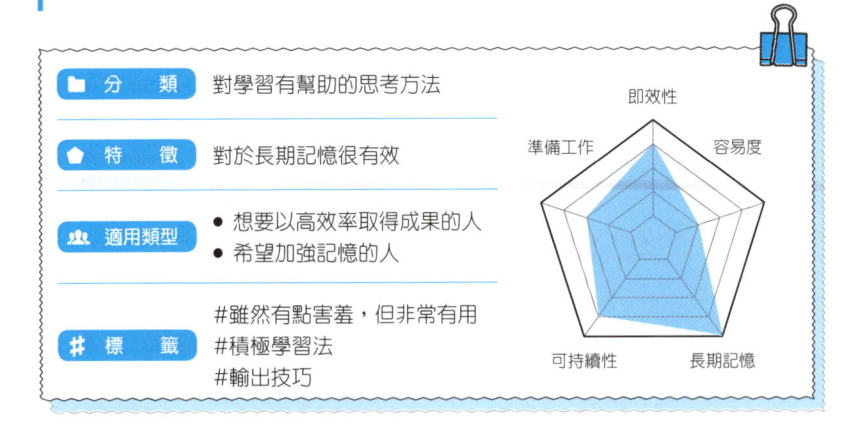

分類	對學習有幫助的思考方法
特徵	對於長期記憶很有效
適用類型	● 想要以高效率取得成果的人 ● 希望加強記憶的人
標籤	#雖然有點害羞，但非常有用 #積極學習法 #輸出技巧

即效性
準備工作　容易度
可持續性　長期記憶

作法

光合作用是什麼？

164　教授他人的學習法

「教授他人的學習法」顧名思義就是將所學的知識解釋給別人聽。你可以試著把所學的東西教給朋友或家人，也可以選擇對著玩偶等物品解釋。

　　程式設計師常用的一種解決問題的方法叫做「黃色小鴨偵錯法」（rubber ducking）。這裡的「黃色小鴨」指的是「橡膠鴨子」。程式設計師會對著這種可以在浴缸裡漂浮的鴨子玩偶訴說自己的煩惱或課題。透過這樣的過程，他們能將自己的想法具體化，有時甚至能因此找到解決問題的方法。這種方法其實不僅限於程式設計，對其他領域也同樣有幫助。例如，一般認為能提升成績的「主動學習」教學模式中，有一種名為「翻轉課堂」的方法，會讓學生擔任老師的角色來進行教學。當自己站在講解者的位置時，所得到的理解會比單純學習來得更深刻。

| 1 | 向他人解釋時，能夠加深理解 |

| 2 | 針對單元重點
以及容易卡關的部分
進行解釋 |

基本的實踐方法

　　一般認為，教授他人是形成長期記憶的最佳學習方法。因為在解釋的過程中，我們的大腦會重新理解這些內容，使記憶更加持久。實際上，用這種方法講解的內容會比較不容易忘記。

　　這種學習法不需要拘泥於繁瑣的規則，可以自由地實踐。舉例來說，先選擇一個主題來進行解釋。最推薦的方法是實際開口向人解釋，但也可以選擇製作解說筆記，或是在手機上記錄重點。習慣這種方法後，表達能力也會逐漸提升。其中一個有效的技巧是「先設計問題，再整理答案」這種歸納方法。例如，你可以先想個問題：「什麼是陽光地帶（sunbelt）？」然後再整理出答案：「陽光地帶是指美國的一個地理區域……」透過這種方式，可以更輕鬆地撰寫解釋內容。

　　此外，在解釋過程中，若發現「咦？好像解釋得不夠清楚」的地方，就應該重新複習。**因為解釋不清楚，代表你對這個知識的理解還不夠深入。**

　　剛開始時，可以借助書籍或網路資源。但此時不能只是「照本宣科地朗讀內容」。就像 P172 所提到的「全部重述學習法」，應該避免使用相同的詞彙，而是嘗試用不同的表達方式來解釋。也可以錄音或拍攝自己的講解過程，之後便能回顧檢討。

> 📝 **感想與建議！**
>
> 當自己實踐這個方法時，有時會發現「咦，這裡好像沒辦法解釋清楚」。這些地方可能是你還沒有完全理解，或者其實不太明白的部分。透過這樣的過程，你就能更清楚地找出哪些內容需要特別加強複習。

推薦書籍

- 望月俊孝・著，《何歳からでも結果が出る本当の勉強法》，Subaru 舍。
  這本書以簡單易懂的方式，解說能直接帶來成果的學習方法。

※ 陳聖怡譯，《改變學習方式，就能改變人生：價值 3600 萬的超效學習法》，究竟。

No. 35 提問式閱讀

在閱讀時隨時向作者提問

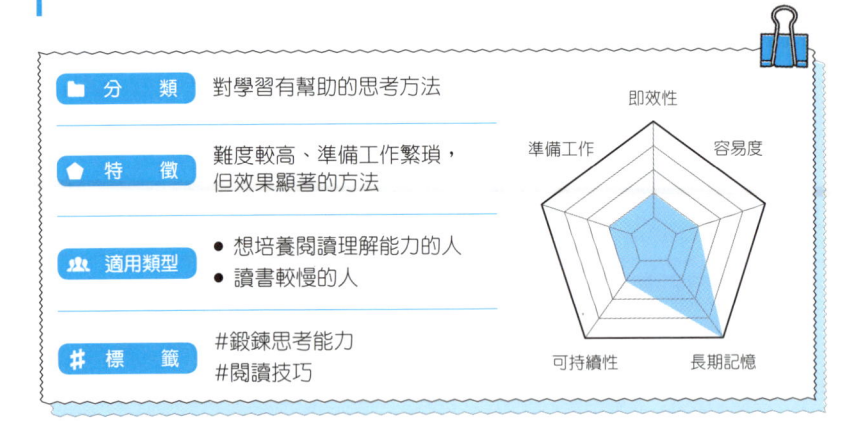

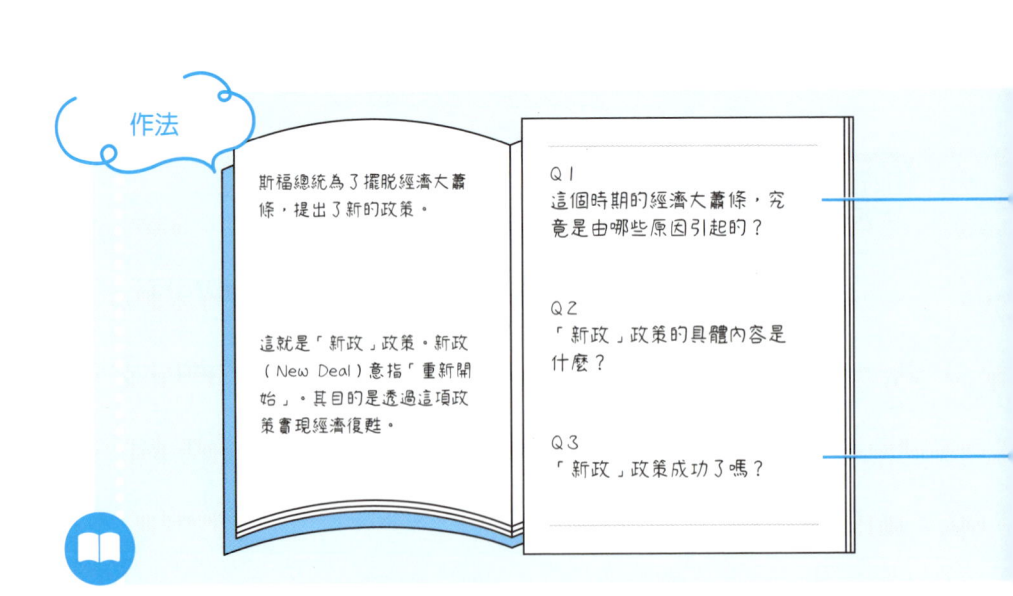

分類	對學習有幫助的思考方法
特徵	難度較高、準備工作繁瑣，但效果顯著的方法
適用類型	● 想培養閱讀理解能力的人 ● 讀書較慢的人
標籤	#鍛鍊思考能力 #閱讀技巧

雷達圖軸：即效性、容易度、長期記憶、可持續性、準備工作

作法

斯福總統為了擺脫經濟大蕭條，提出了新的政策。

這就是「新政」政策。新政（New Deal）意指「重新開始」。其目的是透過這項政策實現經濟復甦。

Q1 這個時期的經濟大蕭條，究竟是由哪些原因引起的？

Q2 「新政」政策的具體內容是什麼？

Q3 「新政」政策成功了嗎？

168　提問式閱讀

提問式閱讀是一種在閱讀評論等文章時，透過尋找問題來加深理解的方法。在撰寫評論文的過程中，許多作者常用的寫作技巧之一，就是「先提出問題」。通常會在文章開頭提出問題，但不會立刻給出答案，而是留到後續才解答，這樣的寫法能吸引讀者的注意，並促使讀者一直讀到最後。在這類文章中，「問題」和「答案」在整體的故事發展中是緊密相連的。

　　提問式閱讀正是利用這個特點，**透過尋找文中的問題，並將整篇文章視為該問題的答案來閱讀，進而加速理解的速度**。能幫助讀者理解作者的意圖，並在閱讀過程中尋找對應問題的「答案」，使讀者能夠仔細閱讀每個細節，對內容有更深入的理解。

1. 讀完文章後，寫下感到疑惑的事物

2. 不管是詞彙的意思、具體內容、或是結局中發生的事情，都可以提出問題，總之就是多想幾個問題

提問式閱讀的具體方法

首先，準備一篇評論文章作為閱讀題材。一開始可以選擇白話文教材比較容易理解，當然也可以選擇英文文章來練習。

從評論的開頭開始閱讀，並找出可以轉換成「問題」的部分，然後標註出來。例如，當作者在文中提出「為什麼呢？」時，就可以直接視為問題。此外，在閱讀過程中，若遇到「這個單字是什麼意思？」或是「這個主張的根據是什麼？」等產生疑問的地方，也可以視為問題。也可以從假設作者在場的角度，思考自己會向他提出什麼問題。

發現問題時，可以隨時記錄下來。可以直接在文章上標註，或用螢光筆劃線，並將問題整理在筆記本中。每個問題最好編上號碼。如果是書籍，可以使用顏色統一的便利貼，這樣之後查找會比較方便。

在閱讀過程中找到對應「問題」的「答案」時，要記下並標註對應的編號。舉例來說，如果問題是用紅色螢光筆或便利貼標註，那麼答案則可以用藍色螢光筆或便利貼標註，這樣區分顏色會更容易查找。對於特別重要的問題，建議在文章中找出作者的答案，並且寫下自己對這個問題的理解和回答，有助於加深理解。

也能鍛鍊思考能力

在閱讀時隨時尋找問題，有助於鍛鍊批判性思考能力。理解該資訊代表的意涵，以及它與哪些主張相關，這是將資訊轉化為知識的第一步。

理解對方如何回答某個「問題」,並重新用自己的思維得出屬於自己的「答案」,這樣的過程對思考能力的訓練來說最為理想。

> **感想與建議!**
>
> 　　不僅是國語的評論文,任何書籍都可以運用這個方法。在東大的一些學生中,有人會在閱讀時,將出現「問題」的頁面貼上便利貼,並將問題寫在上面,這樣就能隨時回過頭來檢視問題,並繼續閱讀書中的內容。這樣的做法讓你可以一邊尋找問題的答案,一邊進一步閱讀。

推薦書籍

- 西岡壱誠・著,《「読む力」と「地頭力」がいっきに身につく　東大読書》,東洋經濟新報社。
  這本書彙整並濃縮東大生實踐的閱讀技巧,讓你能夠快速閱讀、牢記內容並應用所學。
  ※劉格安譯,《絕對高分!東大生的便條紙閱讀拆解術》,三采文化。

No. 36
全部重述學習法

在筆記或備忘錄中,將所有資訊換個說法寫下來的方法

分類	對學習有幫助的思考方法
特徵	持續下去非常困難,但效果顯著的方法
適用類型	● 正在做筆記學習的人 ● 希望鞏固知識的人
標籤	#資訊整理法 #增強詞彙力 #輸出技巧

雷達圖座標:即效性、容易度、長期記憶、可持續性、準備工作

作法

戰國時代,商工業者受到各種限制。例如必須繳稅、加入工會、或在關口繳費。
樂市樂座是透過取消這些限制來促進本國經濟發展的措施。雖然織田信長因實施這項政策而聞名,但其他戰國大名也曾經實施過。

Q1
樂市樂座是什麼?

A1
織田信長等各地的戰國大名,在其統治區內解除各種限制,以促進本國經濟發展的政策。

172　全部重述學習法

全部重述學習法是一種**在做筆記或隨手記錄時，將所有資訊以不同方式重新表達的方法**。例如，當遇到「日本的少子高齡化問題日益嚴重」這類資訊時，可以改寫為：「截至 2024 年，日本正面臨兒童數量減少，老年人口增加的趨勢。」

許多人習慣把所有資訊都抄下來。例如，他們會將老師在黑板上寫的內容，或是老師說的話，逐字逐句地記錄下來。然而，這樣把所有資訊都整理進筆記裡，可能會花費大量時間在做筆記，反而什麼都記不住。因此，應該專注於挑選核心資訊，並用自己的方式重新表達。

1. 用自己理解的語言和方法來歸納內容

2. 可以採用「問題與答案」的形式，也可以使用符號

確認重點所在

在全部重述學習法中，最重要的是確認「什麼才是重點」。也就是說，關鍵在於能夠挑出資訊的「核心」。

舉例來說，假設有這樣一句話：「去國外可以學會說英文，還能學習不同的文化與傳統。」那麼，這句話的核心概念是什麼？

重點在於——不**要被具體的事物迷惑，而是要找出真正想表達的主旨**。在這句話中，雖然提到了「去國外」，並列舉了「學會說英文」和「學習不同的文化與傳統」等好處，但這些只是具體的例子。這句話真正要表達的，是「去國外能帶來許多正面影響」這個概念。如果只是專注於筆記「學會說英文」或「文化與傳統」的內容，反而無法掌握整體的核心意思。

因此，在聽到具體例子時，還需要從抽象層面去理解對方真正的意思，並養成思考「他真正想說的是什麼？」的習慣。

使用同義詞來表達

為了達成「全面換句話說」，我們需要做具體的說明、使用符號或運用同義詞。例如，當遇到「日圓貶值的趨勢顯著」這類資訊時，可以改成「日圓價值下降的情況持續發生」，也就是將「日圓貶值」、「趨勢」和「顯著」這些詞彙換成其他說法。「換句話說」能幫助我們用自己的思維進行輸出。

> 📝 **感想與建議！**
>
> 東大生非常自然地運用這種學習法。從老師的課程到參考書的整理筆記，他們都在實踐「換句話說」的練習。如果平常就自然地實踐這種方式，就能養成消化每條資訊的習慣，因此能夠帶來顯著的效果。

推薦書籍

- 西岡壱誠・著，《「思考」が整う東大ノート》（暫譯：讓思考更有條理的東大筆記），Diamond 社。
  這本書介紹了一些整理資訊、加深理解並能清楚表達的筆記方法。

專欄

選擇教材的方法

　　許多人會問：「選擇難度較高的教材或參考書比較好？還是選擇簡單的呢？」

　　這的確是一個讓人困惑的問題。選擇較難的教材可能會無法完全理解，而選擇簡單的教材，則可能因為過於簡單而無法提升學習實力。

　　這個問題的答案當然會因人而異。不過，對於已經習慣學習的人來說，其實有一個常見的技巧，那就是「2本書都買，取其精華」。

　　具體來說，就是準備2本書，先讀較簡單的教材或參考書，對內容有大致了解後，再開始讀較難的書。這裡的重點是，並不是「簡單的書→困難的書」的順序，而是2本書要同時進行。針對同一個領域，探討簡單和困難的教材在解釋上的差異。這樣從兩個不同的方向去理解，可以讓理解更加深入⋯⋯這與「交叉閱讀」的方法相似。

　　如果真的只能選一本書的話，也可以選擇較簡單的教材，並在書中加入更多資訊。可以參考CHAPTER 3介紹的「單字本升級法」的方式，在簡單的書中加入較難的內容。希望大家能試看看！

CHAPTER 3

具體方法與技巧

Part1 考試準備方法

Part2 技巧集

01 考試準備方法

在 CHAPTER 3 中,將介紹一些考試應對策略及各種技巧。
首先是有效的考試方法。

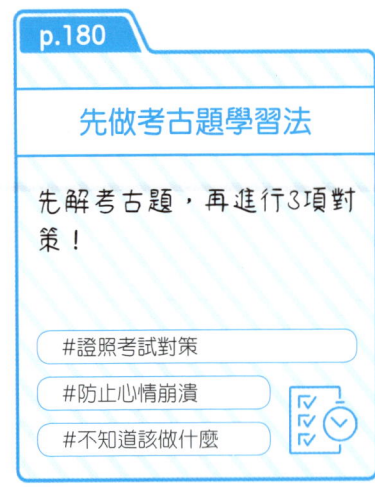

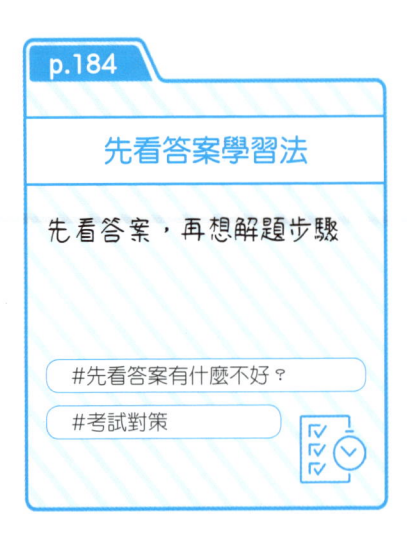

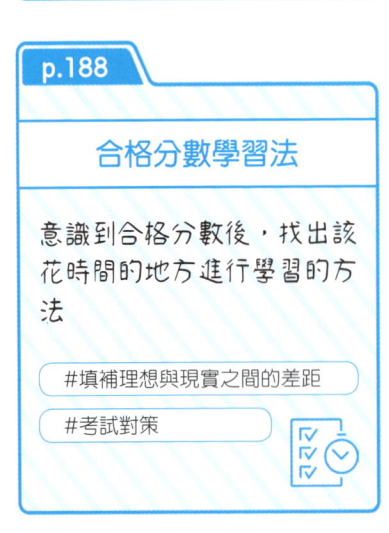

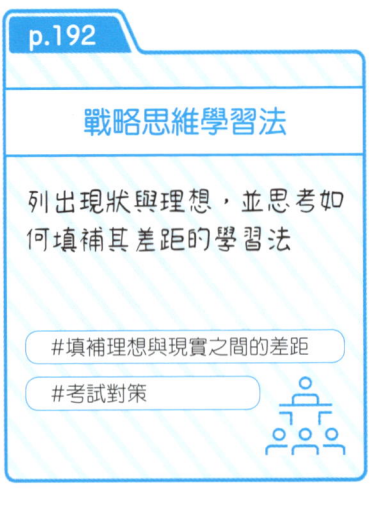

---

p.180

先做考古題學習法

先解考古題,再進行3項對策!

#證照考試對策
#防止心情崩潰
#不知道該做什麼

---

p.184

先看答案學習法

先看答案,再想解題步驟

#先看答案有什麼不好?
#考試對策

---

p.188

合格分數學習法

意識到合格分數後,找出該花時間的地方進行學習的方法

#填補理想與現實之間的差距
#考試對策

---

p.192

戰略思維學習法

列出現狀與理想,並思考如何填補其差距的學習法

#填補理想與現實之間的差距
#考試對策

178

發現！

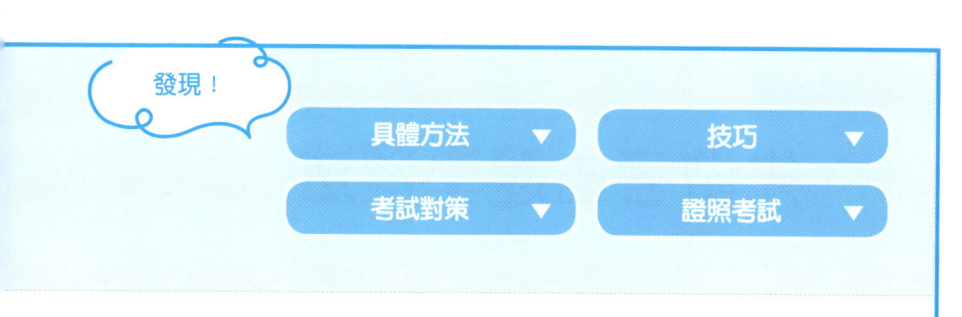

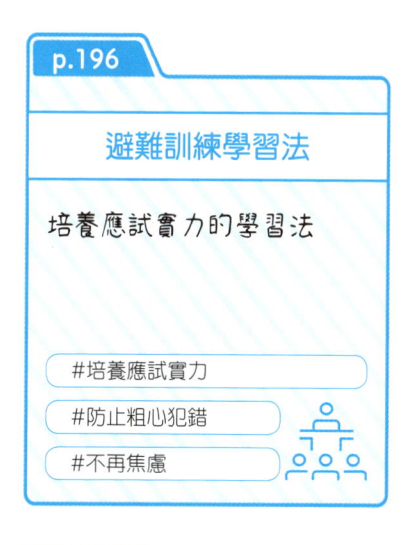

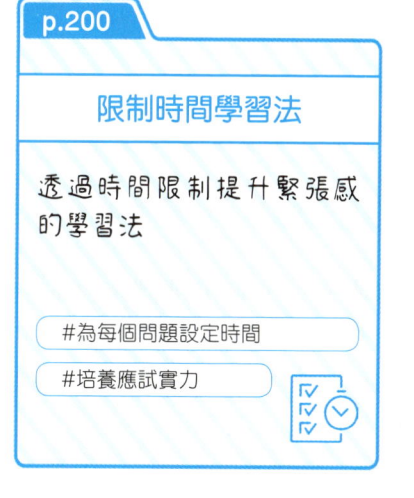

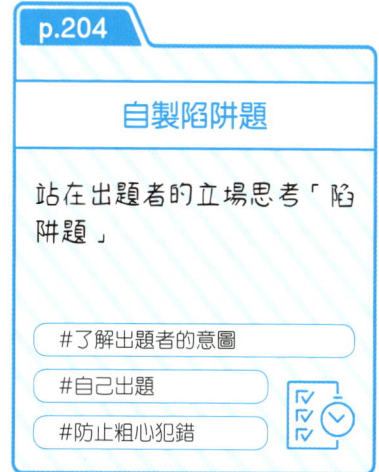

具體方法 ▼　　　技巧 ▼

考試對策 ▼　　　證照考試 ▼

---

p.196

避難訓練學習法

培養應試實力的學習法

#培養應試實力
#防止粗心犯錯
#不再焦慮

---

p.200

限制時間學習法

透過時間限制提升緊張感的學習法

#為每個問題設定時間
#培養應試實力

---

p.204

自製陷阱題

站在出題者的立場思考「陷阱題」

#了解出題者的意圖
#自己出題
#防止粗心犯錯

No. 37 先做考古題學習法

先解考古題，再進行3項對策！

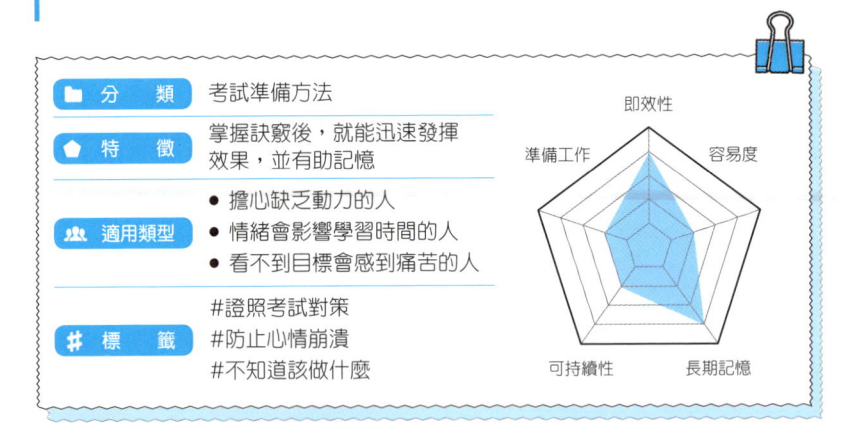

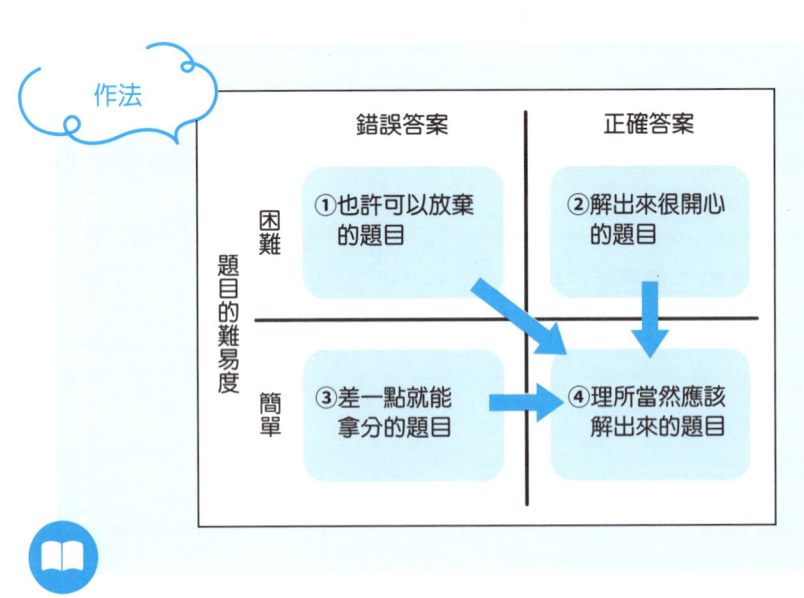

分類	考試準備方法
特徵	掌握訣竅後，就能迅速發揮效果，並有助記憶
適用類型	● 擔心缺乏動力的人 ● 情緒會影響學習時間的人 ● 看不到目標會感到痛苦的人
標籤	#證照考試對策 #防止心情崩潰 #不知道該做什麼

雷達圖項目：即效性、容易度、長期記憶、可持續性、準備工作

作法

題目的難易度（困難／簡單）× （錯誤答案／正確答案）

- ①也許可以放棄的題目（困難・錯誤答案）
- ②解出來很開心的題目（困難・正確答案）
- ③差一點就能拿分的題目（簡單・錯誤答案）
- ④理所當然應該解出來的題目（簡單・正確答案）

180　先做考古題學習法

「先做考古題學習法」顧名思義就是「先」解考古題的學習法。也就是說，**在正式開始學習之前，不管能不能答出來，都先嘗試解考古題**。舉例來說，可能在高中一年級時就挑戰大學的考古題，或者在正式學習之前先做 TOEIC® 的試題。重點是先接觸這些題目。如果不先解考古題就開始學習，可能就無法知道哪些題型是能幫助你通過考試的，這樣很容易浪費時間。例如，英文花了很多時間在學習文法上，結果考試中卻幾乎沒有出文法題，這種情況其實很常見。採用先做考古題學習法的好處是，你可以一邊學習，一邊思考：「幾個月後或幾年後，我需要解哪些題目？」以及「我現在學習的內容，最終的目標是什麼？」這樣可以讓你清楚知道自己該做哪些準備。

① **也許可以放棄的題目**
應該最後解答的題目
▶考試時，這類題目應該留到最後再解答！

② **解出來很開心的題目**
這次答對是運氣，下次要做好準備，確保能順利解出來的題目
▶考試時，不能只靠運氣答對！

③ **差一點就能拿分的題目**
應該準備到能確實答對的題目
▶考試時，一定要努力準備，確保能答對！

④ **理所當然應該解出來的題目**
最重要且絕對不能因粗心答錯的必答題
▶考試時，這類題目一定要最先解答！

先解題，再用「問題分析矩陣」來進行分析

首先解題，然後將解過的題目分為以下 4 類：「**答對了，下次也能解題的題目**」、「**答錯了，但下次能解題的題目**」、「**答對了，但下次能否解題仍有疑慮的題目**」、「**答錯了，且不確定下次能否解題的題目**」。

無論考試多麼困難，都可以找到一些「這題應該可以解出來」或「如果好好準備，應該能應付」的題目，並依照上述 4 類進行分類。接著，優先專注於學習「答錯了，但下次能解題的題目」和「答對了，但下次能否解題仍有疑慮的題目」。最後再準備「答錯了，且不確定下次能否解題的題目」，其中還有一些被稱為「捨棄題」的超難題目，通常大部分考生會選擇放棄。因此，應該先專注於那些「應該能解出來的題目」，並從這些題目上取得分數！

準備「答對了，但下次能否解題仍有疑慮的題目」

這類題目必須一開始就處理。換句話說，這是「運氣好解出來的題目」，所以下次可能會出錯。接下來的重點是避免再依賴運氣來解答。

準備「答錯了，但下次能解題的題目」

接著，練習那些「已經能找到解題方法的題目」。大多數情況下，無法解出來是因為對題目還不熟悉，經過多次練習後，會慢慢掌握解題的方法。相信「多做就會進步」，繼續加油吧！

準備「答錯了,且不確定下次能否解題的題目」

面對這種情況,標準做法是「爭取部分分數」。思考如何從題目中爭取到分數。如果是選擇題,也許可以縮小選項範圍;如果是寫作題,即使只能寫出部分內容,也有可能得到分數。

> **感想與建議!**
>
> 在英檢、TOEIC® 等考試中實踐這個方法,會讓你開始意識到「自己在英文的閱讀、聽力和寫作 3 個領域中,應該在哪一項多拿分數?」大部分人認為寫作是「差一點就能拿分的項目」。因為寫作是「容易在一些小細節上犯錯,容易被扣分,但如果好好準備,分數就容易提升」的領域。

推薦書籍

- 東大 CARPE DIEM・著,《東大生が書いた英語試験の攻略本》(暫譯:東大生寫的英文考試攻略書),大和書房。
  這是一本以「最快速」方式攻克各種英文考試的學習書籍。

No. 38 先看答案學習法

先看答案，再想解題步驟

分　類	考試準備方法
特　徵	效果非常快速
適用類型	● 煩惱時間不夠用的人 ● 煩惱時間過長的人
標　籤	#先看答案有什麼不好？ #考試對策

雷達圖：即效性、容易度、長期記憶、可持續性、準備工作

作法

STEP1
首先，同時查看題目和答案，並仔細閱讀答案的解釋！

STEP2
理解答案的意思後，當你覺得「應該能解決類似的題目」時，接下來就去尋找類似的題目，並嘗試自己解答！

STEP3
如果無法解答，就回到STEP1；如果解出來了，那就繼續解決更多類似的題目，或往下一題邁進！

可能有些人會這樣想:「先看到答案沒關係嗎?!」其實,這樣做是完全可以的。這種先看答案學習法,**是從答案出發,逆向推演解題的過程**。在這種方法中,你要像是那位寫出答案的人一樣,想像他是如何解出這道題目的。這就是所謂的「先看答案學習法」。

有些人可能會對先看答案感到內疚。但其實,當你知道這道題目有答案時,就代表已經有人解出來了。換句話說,解題的方法已經被發現。因此,自己再去重新發現這個解法並沒有那麼大的意義。雖然自己能解出來的確很棒,但花費的時間應該越短越好。如果有些問題怎麼想都解不出來,那就先看解法,再逆向推理這個思考過程,並記住這個思維方式。

1 如果讀了解釋還是搞不懂,
那就需要回到基礎重新學習

2 在讀解釋的時候,關鍵在於不斷摸索練習,
目標是「下次如果再遇到相同的題目,
我必須能解出來」

首先正視問題

即使是採用「先看答案學習法」,也不應該在開始解題時立刻查看答案。**首先,應該嘗試在不看任何提示的情況下,花 3 分鐘解題**。即使完全解不出來,也絕對不能看答案。這是為了鍛鍊在正式考試時,無論如何都能專心解題,並找到解題線索的能力。

此外,請在這 3 分鐘內記下自己思考的過程。所有的思考內容都要記下來,例如「要不要在座標平面上畫出來?」或是「這個 it 是虛主詞嗎?」等等,這些都要一一記錄下來。

查看答案時的注意事項

3 分鐘後再開始查看答案。仔細閱讀每一行的解答,並且確保自己能夠解釋為什麼要這樣操作或思考。這樣下次遇到相同的問題時,才能有信心解出來。當然,實際情況是沒有問題能夠一次就完全解決。換句話說,在閱讀答案時,要有心理準備。只是看了答案,並覺得自己懂了,這樣成績永遠不會進步。「先看答案學習法」是需要有決心和毅力的。希望大家能以一次就完全理解的心態來閱讀答案,避免再犯同樣的錯誤。

當學習進展到一定程度時,能解決的問題數量會逐漸增加。這樣即使是第一次遇到的問題,或許也能在 3 分鐘內找到解法。

如果能在 3 分鐘內迅速反應並思考出解法,這對解題也會有所幫助。當你能在 3 分鐘內看到解題的思路,可以稍微延長時間,將能寫的部分盡量寫下來。「3 分鐘」是指假設無法立即動手解題的情況。如果可以動手解題,就不必限制時間,直接全力解答。

> 📝 **感想與建議！**
>
> 　　許多人在學習數學問題時,實踐過這種「先看答案學習法」。因為有時候即使再怎麼思考,若無法解出答案,反而會浪費思考的時間。此外,在學習英文或其他外語時,有些人會選擇不逐字逐句地翻譯,而是將日文翻譯放在一旁,先理解內容再繼續學習。查看翻譯好的日文,思考它是如何翻譯的,以及為何會這樣翻譯,也是一種有效的學習方法。

推薦書籍

- **西岡壱誠・著,《東大超速集中力》(暫譯:東大超速專注力),大和書房。**
  這本書揭示了以東大生為代表的「能持續專注的人」的祕訣,並介紹了無論是學生還是社會人士,都能在家中保持專注力的方法,是一本一生受用的實用書籍。

No. 39

合格分數學習法

意識到合格分數後,找出該花時間的地方進行學習的方法

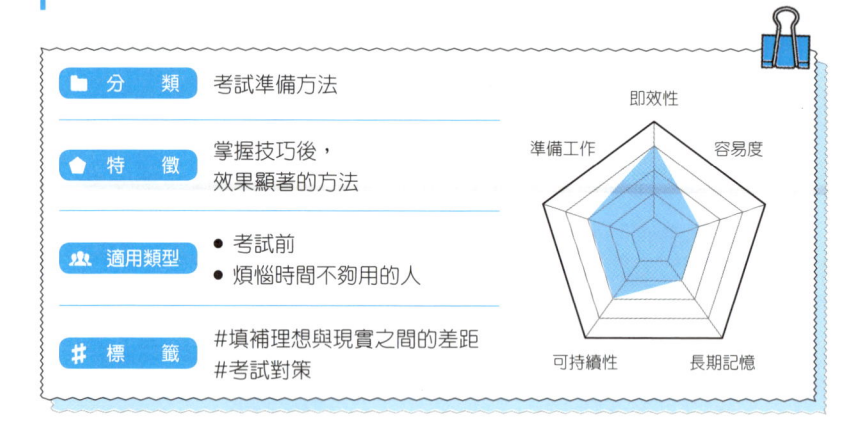

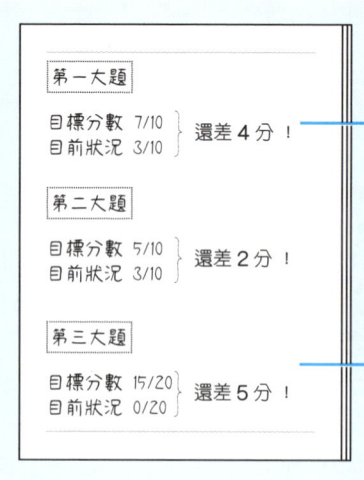

分　　類	考試準備方法
特　　徵	掌握技巧後,效果顯著的方法
適用類型	● 考試前 ● 煩惱時間不夠用的人
標　　籤	#填補理想與現實之間的差距 #考試對策

雷達圖軸:即效性、容易度、長期記憶、可持續性、準備工作

作法

第一大題
目標分數 7/10
目前狀況 3/10 還差 4 分!

第二大題
目標分數 5/10
目前狀況 3/10 還差 2 分!

第三大題
目標分數 15/20
目前狀況 0/20 還差 5 分!

188　合格分數學習法

合格分數學習法是設定目標分數後,進行測驗,並意識到自己與目標分數之間的差距,再思考如何在各個部分取得分數來彌補這個差距,並依此進行學習。

舉例來說,假設測驗結果是 40 分,而你必須拿到 80 分,那麼就要思考在哪些地方能夠拿到剩下的 40 分,該做哪些事情,集中在哪些重點來填補這 40 分的差距。這樣的思考過程有助於建構應該進行的學習計畫。你可以藉由做考古題來學習,或者進行像單字測驗這類記憶型學習,這也會有很好的效果。例如,做完單字測驗後,可以這樣思考:「我本來希望能記住 8 成的單字,但我只答對了 7 成。那剩下的 1 成,本來應該記住的單字,遺漏的部分是哪些呢?」

1 將目標分數與目前的分數對比,寫下兩者之間的差距

2 尋找與目標分數差距較大的大題,並針對這些部分制定相應的對策

推測與目標分數之間的差距

首先，準備好題目並設定理想的目標分數。如果一定要滿分，那也沒問題，但設定目標在 8 成左右也是可以的。

接著，解答問題並進行評分，清楚了解自己與目標分數之間的差距。分析這段差距的類型和大小，然後思考如何彌補這個差距。例如：「如果能解出這道題目，就能多加 10 分，進而縮短差距。」

填補差距的方法

合格分數學習法的優勢在於，它讓我們專注於「最好能掌握的部分」，而不是單純聚焦於「做不到的地方」。

填補差距的努力方式有很多種。例如，當你想從 30 分提升到目標 60 分，還需要再增加 30 分時，可以選擇從未獲得的 70 分（滿分 100 分）中，決定如何爭取這額外的 30 分。大多數人不會追求滿分，因此可以進行「選擇性努力」。在這種情況下，思考哪些部分自己較容易掌握或是能做準備，會讓學習更有效率。

實際上，必須考滿分的情況並不多見。但考試結束後，人們常常會有「所有題目都應該做對」的感覺。如果能為做錯的題目設定優先順序，就能找出「如果解出這道題目，目標就能達成」的關鍵點。若能將這個方法與 P192 的戰略思維學習法結合運用，將能達到更好的成果。

> **感想與建議！**
>
> 　　當考試臨近時，非常推薦以這種「合格分數學習法」作為起點來學習。練習考古題，對照自己的目標分數，並不斷努力縮小差距。這樣做可以讓你逐步接近目標。由於能夠明顯感受到自己在不斷進步，因此這種學習法是相當有效的。

推薦書籍

- 永田耕作・著，《東大生の考え型》，日本能率協會 Management Center。
  這本書彙整了各種不同的思考模板。
  ※黃薇嬪譯，《東大生的萬用思考術：工作、創業、學業都有用的 29 種思考模板，練就未來人才的 9 大能力》，漫遊者文化。

No. 40 戰略思維學習法

列出現狀與理想,並思考如何填補其差距的學習法

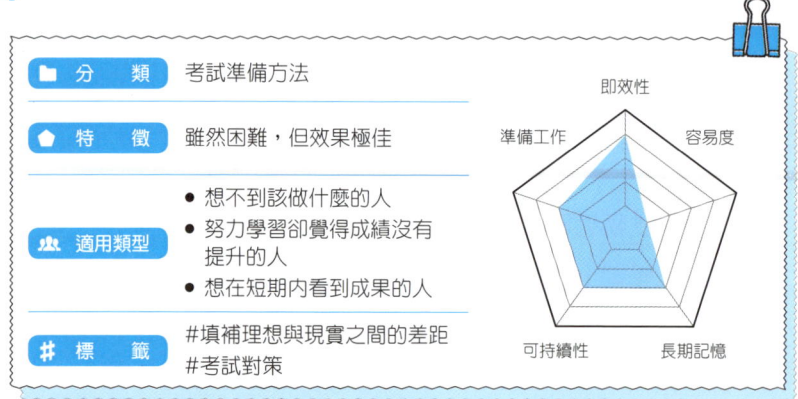

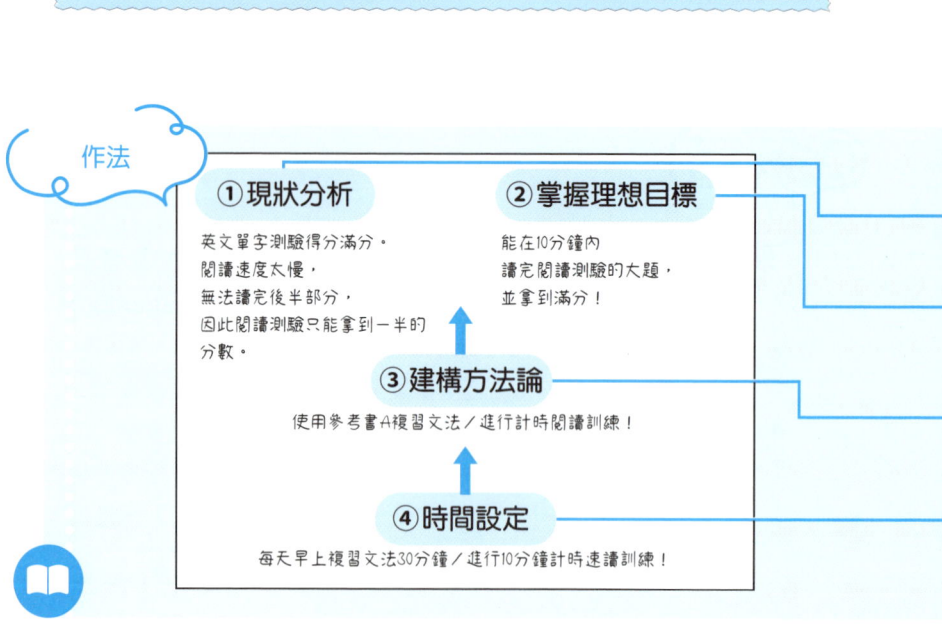

分類	考試準備方法
特徵	雖然困難,但效果極佳
適用類型	・想不到該做什麼的人 ・努力學習卻覺得成績沒有提升的人 ・想在短期內看到成果的人
標籤	#填補理想與現實之間的差距 #考試對策

雷達圖座標:即效性、容易度、長期記憶、可持續性、準備工作

作法

① 現狀分析
英文單字測驗得分滿分。
閱讀速度太慢,
無法讀完後半部分,
因此閱讀測驗只能拿到一半的分數。

② 掌握理想目標
能在10分鐘內
讀完閱讀測驗的大題,
並拿到滿分!

③ 建構方法論
使用參考書A複習文法/進行計時閱讀訓練!

④ 時間設定
每天早上複習文法30分鐘/進行10分鐘計時速讀訓練!

戰略思維學習法是**將現狀與理想狀態寫出來，然後思考如何填補兩者之間的差距**。先前提到的「合格分數學習法」其實也實踐了這種方法。這種學習法的關鍵在於掌握自己的現狀，再針對其中的差距進行學習。以考試為例，我們首先要了解自己的分數，然後加強不足的部分。同樣地，在學習特定領域時，可以透過解題來檢視自己掌握的程度，分析「這部分還不熟悉」或「這部分已經掌握」的情況，集中精力針對不熟悉的部分進行學習。具體步驟是，首先進行總複習測驗，根據測驗結果找出尚未掌握的部分，並整理相關的學習資料，然後針對這些部分加強學習。實踐這種方法後，學習將變得更有效率，成果也會更顯著。

1	具體掌握自己的現狀
2	以數據具體呈現理想狀態
3	思考如何填補現狀與理想之間的差距
4	明確規畫學習量與時間

真正「該做的事」是什麼？

在戰略思維學習法中，最重要的是思考真正「該做的事」。如果努力的方向錯誤，將無法達到預期的成果，因為最終目標是達成指定的目標分數。因此，首先需要明確知道自己「為了什麼而學習」，再篩選出需要做的事和不必做的事，正是這種學習法的核心。透過意識到「哪個部分還需要多拿幾分」，才能明確設定學習目標，例如：「為了在這次考試多拿 5 分而努力學習」。

具體規畫該做的事

這種戰略思維學習法的特點，在於思考如何填補現狀與理想之間的差距。如果你在閱讀這本書時，因為「結果不如預期」而煩惱，可能是因為你對自己目前的「現狀」認識有所偏差。

在思考學習方法時，關鍵是**將「該做的事」盡量具體化**。例如「希望英文成績提升 20 分，所以要背單字」這種說法還不夠具體，應該更明確規畫：「我要背多少英文單字？需要花多少時間？」

此外，學習的方式應該是「能實際提升分數的學習」。單純「讀單字本」還是太抽象，建議的方式是「為了記住單字，每天花幾分鐘複習單字本」或是「每天進行測驗，逐步減少記不住的單字數量」，這樣的具體學習方式會更加有效。

> 📝 **感想與建議！**

東大生在模擬考、解考古題或測驗後,一定會實踐這個戰略思維學習法。他們會設定目標分數,並持續進行填補差距的學習。理論上,只要持續這種學習法,一定能進入任何一所大學,或是通過任何證照考試。這是因為只要意識到自己與目標之間的差距,並努力填補,這個差距就會逐漸縮小。雖然這可能需要一段時間,但只要執行這個方法,最終一定能達成目標。

推薦書籍

- 相生昌悟・著,《東大式目標達成思考》,日本能率協會 Management Center。
  這本書整理了實用的方法,說明即使沒有突出的天賦,只要掌握正確的努力方式,也能順利達成目標。

※ 劉宸瑀、高詹燦譯,《東大現役學霸的讀書計畫制定法:設定目標、擬定策略、確定方法、規劃時程,學會東大式的正確用功法》,台灣東販。

No. 41 避難訓練學習法

培養應試實力的學習法

分　類	考試準備方法	
特　徵	雖然難度較高，準備也相當繁瑣，但這是能迅速見效的方法	
適用類型	・考試前 ・容易因為緊張在考場上犯很多錯誤的人	
標　籤	#培養應試實力 #防止粗心犯錯 #不再焦慮	

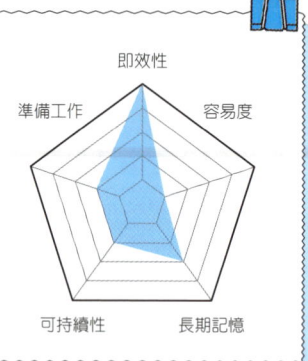

雷達圖座標：即效性、容易度、長期記憶、可持續性、準備工作

作法

STEP1
練習考古題或測驗時，
大幅縮短原本的解題限制時間

STEP2
在這樣的時間限制內，
盡量想出各種方法
來取得最高分

STEP3
真正參加考試
並有足夠時間時，
可以充分運用這些方法

「避難訓練學習法」顧名思義就是**假設在模擬考中可能出現的突發狀況，並在這些情境下進行解題**的學習法。舉例來說，可以嘗試在限定時間的一半內完成題目，或者在周圍吵雜的環境中進行測驗，看看自己能發揮多少實力，這是一種應對緊急狀況的策略。實踐這種學習法的優點之一，就是能培養在考試中表現更佳的「應試實力」。

1. 將60分鐘的限制時間縮短一半，改為30分鐘內完成，甚至縮減到幾乎無法解完的程度

2. 即使將限制時間縮短一半，也不代表分數會減少一半

具體的方法

準備考古題或可能在正式考試中出現的問題進行練習。具體的方法有以下兩種：

① **設定時間限制**：
以限制時間的二分之一或三分之二來解答考古題。

② **創造有壓力的環境**：
在炎熱、寒冷或周圍吵雜等不適合考試的環境下解考古題。

即使將限制時間設為二分之一，分數也不會因此減半。雖然時間有限，仍然可以透過一些策略達到約 7 成的分數。剛開始時，可能無法達到預期的分數，但如果時間有限，就要採取相應的對策並反覆練習，這樣就能逐漸掌握應對技巧。

在正式考試中，通常只能發揮平時練習時的 8 成實力。「明明在練習時那麼努力，結果在考場上卻因為緊張而什麼都做不好」這樣的情況是很常見的。因此，必須進行「避難訓練學習法」來練習，讓自己即使面對突發情況，也能發揮近 9 成的實力。針對突發狀況進行準備，並體驗那些時間不夠或考試環境不理想的情境，就像在進行避難訓練一樣。

訓練結束後，思考教訓

在避難訓練結束後，應該仔細思考從中學到的教訓。
- 考試開始後 30 分鐘，不論情況如何，解到一半的問題就跳過，先解其他大題。

- 如果停筆超過 5 分鐘，即使覺得快要解出來，也要立即換題。
- 考試結束前 10 分鐘，停止解新的問題，開始進行檢查，並將剩餘時間用來處理未完成的問題。
- 無論處於何種情況，都要保持冷靜，穩扎穩打地解題。

　　可以將這些教訓記錄下來，方便隨時回顧。

> **感想與建議！**
>
> 　　實際嘗試用一半的時間完成時，可能會因為緊張而犯下過去無法想像的錯誤。但這些錯誤，很可能在正式考試時因為緊張而再次發生。因為正式考試時，我們會緊張不安，心理狀態與平時練習時完全不同。曾經實踐「避難訓練學習法」的東大生表示：「在這種訓練中，我曾經劃錯答案，因此在正式考試時，我更加警惕這個問題。」

推薦書籍

- 西岡壱誠・著，《読むだけで　数が上がる！東大生が教えるずるいテスト術》（暫譯：光看就能提高分數！東大生傳授的聰明考試技巧），Diamond 社。

  這本書收錄了東大式考試的獨門技巧，適用於入學考試和證照考試。

No. 42 限制時間學習法

透過時間限制提升緊張感的學習法

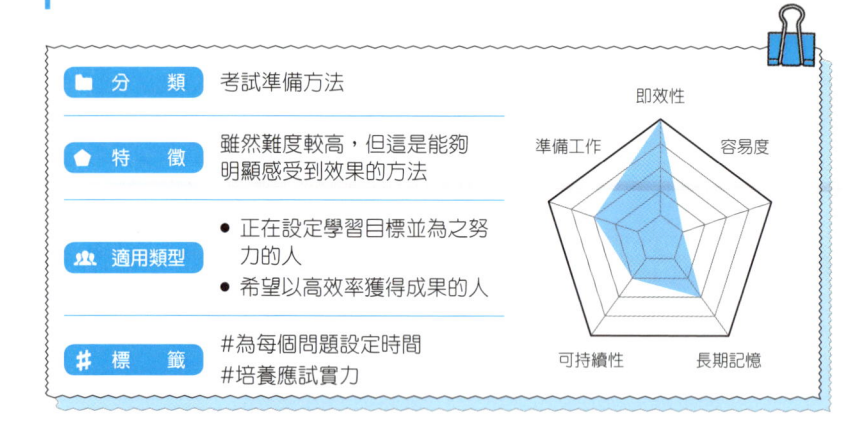

分類	考試準備方法
特徵	雖然難度較高,但這是能夠明顯感受到效果的方法
適用類型	● 正在設定學習目標並為之努力的人 ● 希望以高效率獲得成果的人
標籤	#為每個問題設定時間 #培養應試實力

雷達圖:即效性、容易度、長期記憶、可持續性、準備工作

作法

考試時間　1:30

第一大題
目標時間　　0:05
實際花費時間　0:08

第二大題
目標時間　　0:12
實際花費時間　0:11

第三大題
目標時間　　0:10
實際花費時間　0:13

限制時間學習法是一種透過劃分時間來提高學習效率的方法。大家知道「單圈時間（Lap Time）」這個詞彙嗎？這個詞彙通常用於賽車等運動，指的是完成一圈所需的時間。

　　測量單圈時間比想像中更有幫助。舉例來說，假設你第一圈花了 30 秒，但第三圈卻需要 45 秒。總時間上看不出來的事實是，「原本能在 30 秒內完成的路程，現在卻多花了 15 秒」。接著，你會開始思考：「為什麼會多出這 15 秒？」因此，透過在限制時間學習法中劃分時間並記錄單圈時間，你可以發現自己未曾注意到的弱點。

　　這種方法在做考古題時特別有效。當題目分成好幾個大題時，你可以**為每一題設定時間限制，並在規定時間內完成作答**。

1	設定時間限制

2	有意識地在時間內完成

設定時間限制

首先,對每個問題設定時間限制。舉例來說,如果考試有 5 個大題,總共 60 分鐘的時間,你可能會認為每個大題要分配 12 分鐘。但這樣的想法是錯誤的,原因有兩個。

首先,沒有預留時間來檢查答案。如果你將 60 分鐘完全用來解題,就沒有時間進行檢查。即使劃錯答案或寫作時有錯誤,也沒機會發現。粗心犯錯是最可惜的,因此基本上應該要留出時間來檢查。最好能預留 5 到 10 分鐘。

其次,每個人對不同的大題都有擅長與不擅長的部分。例如,有些人擅長日文翻譯成英文,但英文文法不太行;或是擅長圖形與方程式,但數列或整數比較弱,每個人都有不同的擅長領域。因此,擅長的題目,你可能能夠比設定的時間提前完成,而不擅長的題目,你則可能需要更多的時間。

因此,設定時間限制時,應該注意以下兩點:①**預留約 10 分鐘的緩衝時間**;②**根據自己對各個大題的擅長程度,適當調整作答時間**。

解題

設定好時間限制後,開始解題。如果發現根本無法在規定時間內完成,可能是時間分配出了問題。反之,如果提前完成,可以將剩餘時間用來解其他題目。

> **感想與建議！**

許多東大生都會運用這種「限制時間學習法」。東大的第二次考試每科的考試時間大約是 100 分鐘，如果不能掌握這種學習法，就很難有效控制時間。最明顯的例子是英文考試，因為考題數量多，但考試時間只有 120 分鐘，若沒有做好時間規畫，貿然解題很容易就會沒時間做完。因此，包括我在內的許多東大生，會自製專屬的時間規畫表，明確安排每個大題應該花多少時間。若想針對正式考試做好準備，這絕對是必須掌握的學習法。

推薦書籍

- 布施川天馬・著，《東大式時間術》（暫譯：東大式時間管理技巧），扶桑社。
  這本書可以教你 3 種努力的技巧：減少無謂的事情、提升效率，以及激發動力。

No. 43

自製陷阱題

站在出題者的立場思考「陷阱題」

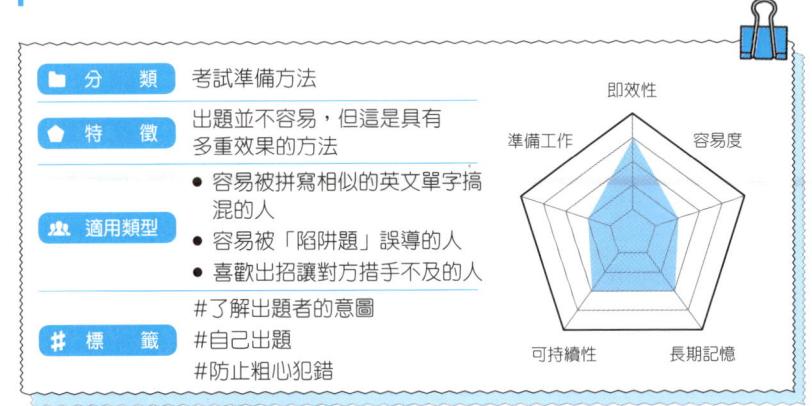

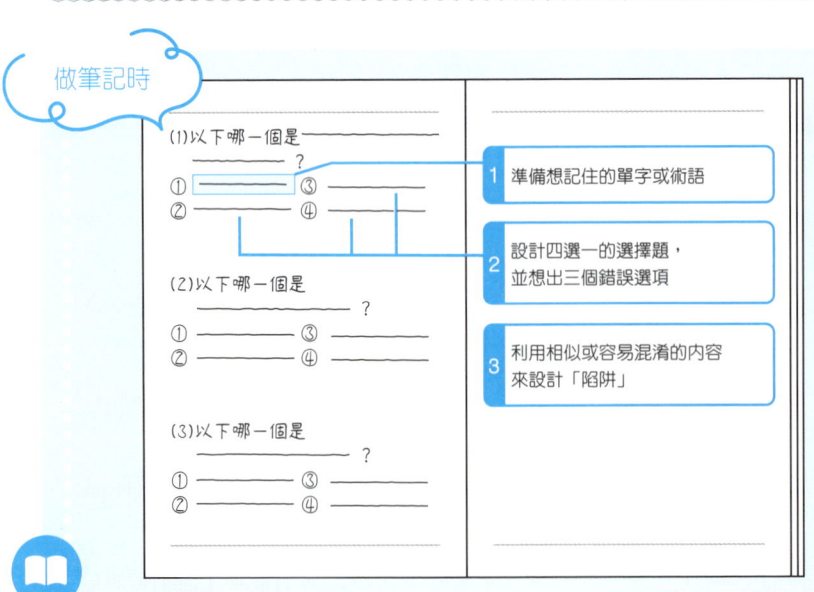

分類	考試準備方法
特徵	出題並不容易，但這是具有多重效果的方法
適用類型	● 容易被拼寫相似的英文單字搞混的人 ● 容易被「陷阱題」誤導的人 ● 喜歡出招讓對方措手不及的人
標籤	#了解出題者的意圖 #自己出題 #防止粗心犯錯

雷達圖軸：即效性、容易度、長期記憶、可持續性、準備工作

做筆記時

(1)以下哪一個是 ＿＿＿＿＿＿＿＿＿＿？
① ＿＿＿＿ ③ ＿＿＿＿
② ＿＿＿＿ ④ ＿＿＿＿

(2)以下哪一個是
＿＿＿＿＿＿＿＿＿＿？
① ＿＿＿＿ ③ ＿＿＿＿
② ＿＿＿＿ ④ ＿＿＿＿

(3)以下哪一個是
＿＿＿＿＿＿＿＿＿＿？
① ＿＿＿＿ ③ ＿＿＿＿
② ＿＿＿＿ ④ ＿＿＿＿

1. 準備想記住的單字或術語
2. 設計四選一的選擇題，並想出三個錯誤選項
3. 利用相似或容易混淆的內容來設計「陷阱」

204　自製陷阱題

在學習過程中，常常會碰到一些看起來相似、容易混淆的單字。像是「bear（熊）」和「bare（赤裸）」這類拼寫相似的單字，或是法國國王「路易十三世」和「路易十四世」這種名字相似的人物。這種透過相似選項來誤導錯誤作答的題目，稱為「陷阱題」。

為了不被「陷阱題」誤導，**最重要的是了解它的設計原理，同時清楚自己容易被哪些地方迷惑**。自己設計「陷阱題」有助於理解出題者設計錯誤選項的用意，並幫助我們發現自己容易混淆的地方。

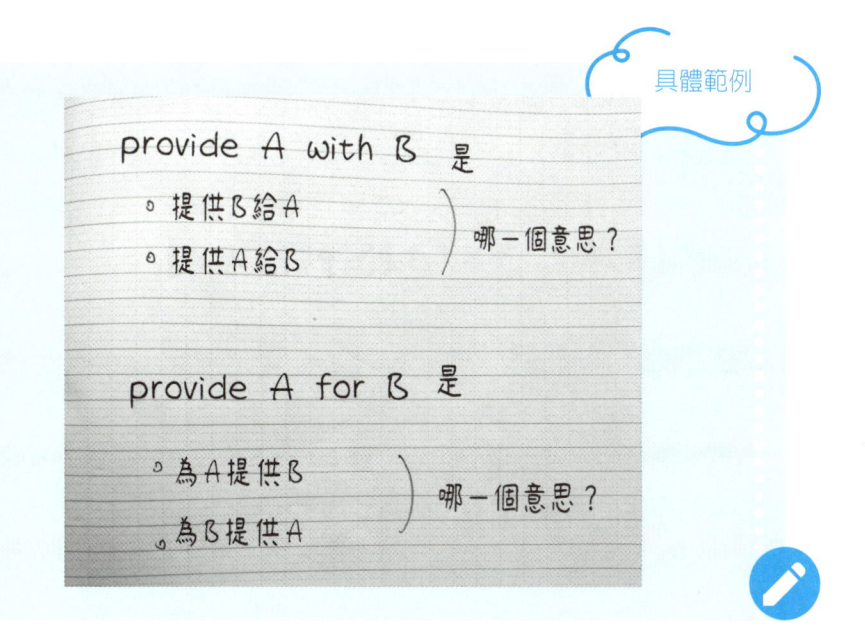

具體範例

provide A with B 是
- 提供 B 給 A
- 提供 A 給 B

哪一個意思？

provide A for B 是
- 為 A 提供 B
- 為 B 提供 A

哪一個意思？

CHAPTER 3　具體方法與技巧　　**205**

具體的方法

假設你有想要記住的詞彙，無論是英文單字還是歷史人物都可以。當你找到這個詞彙後，首先設計一道以這個詞彙作為正確答案的題目。你可以從題庫裡找現成的，也可以自己出題，甚至拿以前做錯的題目來用也很適合。

題目準備好之後，將它設計成四選一的題型，並替它想出三個錯誤的選項。此時，應該設計一些解題者可能會選錯的選項。像是拼寫相似的英文單字、名字類似的人物，或是同一個國家但不同時代的國王，這些容易混淆的選項都很適合。有時只要題目的敘述稍微改一下，答案就完全不一樣了。可以多花點心思，設計一些有挑戰性的「陷阱題」。

剛開始可能會覺得出題不太容易，但可以從簡單的下手，例如「發音相似」或「意思相近」這類選項。舉例來說，假設正確答案是「visitor（訪客）」，那麼選項可以設計成意思接近的「customer（顧客）」、「passenger（乘客）」，或是拼寫相似的「viewer（觀眾）」和「visor（面罩）」等等。當你習慣之後，自然就能想到更多不錯的選項。

活用你設計的題目

既然是花心思做出來的「陷阱題」，不妨拿去考考朋友，如果他們真的被騙，應該會覺得很有趣。而且，你也可以把這些自己設計的「陷阱題」收起來，過陣子等自己忘了，再拿出來做做看，或

許自己也會上鉤。

　　為了避免出現「到底是誰出這麼刁鑽的題目啊……啊，原來是我自己」的情況，記得定期拿出來複習一下。

> **感想與建議！**
>
> 　　有些人將這個方法與 P70 的「時光膠囊記憶遊戲」結合使用，並思考自己在哪些地方容易出錯，再根據這些點來設計題目。針對測驗進行分析後，可以提取出「這個考試應該會設計這種陷阱」的元素，然後以此為依據來出題，這種方法也非常值得推薦。

推薦書籍

- 佐藤大和・著，《ずるい勉強法》（暫譯：聰明的學習法），Diamond 社。
  這本書彙整了許多在短時間內輕鬆達成最大成果的方法。

02 技巧集

最後將介紹一些具體的學習技巧。如果你已經閱讀到這裡,那麼你一定能找到最適合自己方法。

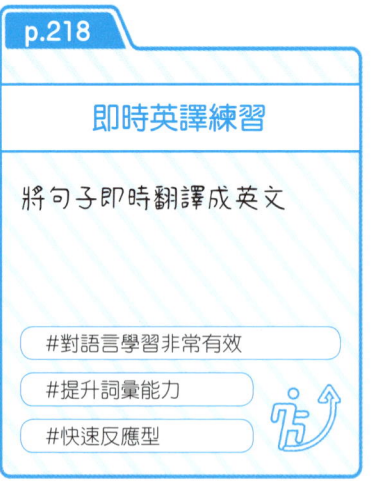

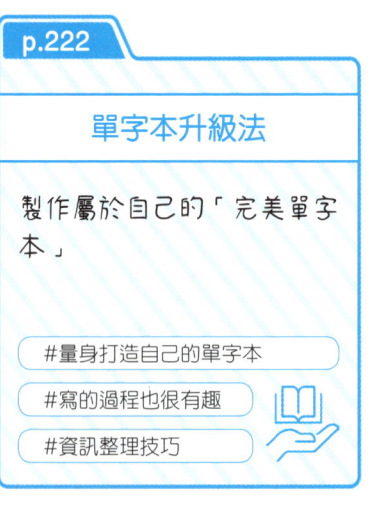

---

p.210

朗讀學習法

透過聲音記憶的學習法

#比起視覺,耳朵更重要
#活用五感
#對語言學習非常有效

---

p.214

跟讀學習法

如影隨形地跟著英文唸出來

#對語言學習非常有效
#訓練聽力

---

p.218

即時英譯練習

將句子即時翻譯成英文

#對語言學習非常有效
#提升詞彙能力
#快速反應型

---

p.222

單字本升級法

製作屬於自己的「完美單字本」

#量身打造自己的單字本
#寫的過程也很有趣
#資訊整理技巧

發現！

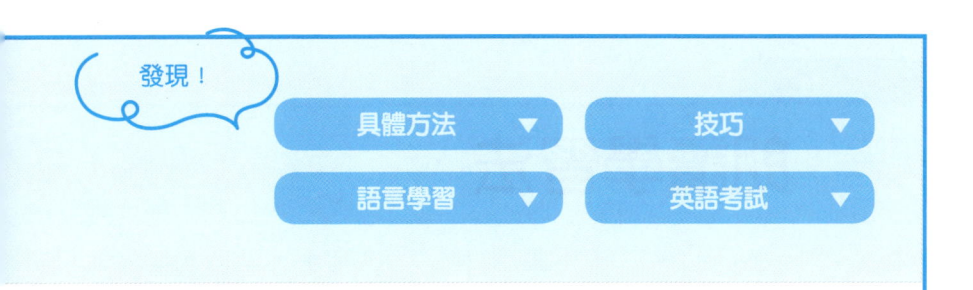

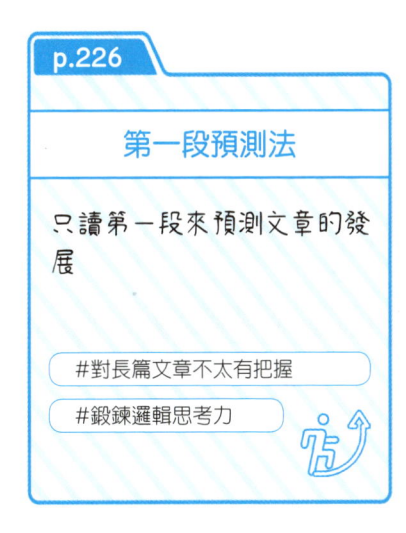

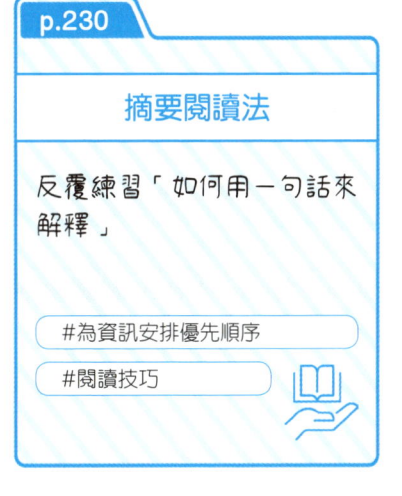

| 具體方法 ▼ | 技巧 ▼ |
| 語言學習 ▼ | 英語考試 ▼ |

---

p.226

第一段預測法

只讀第一段來預測文章的發展

#對長篇文章不太有把握
#鍛鍊邏輯思考力

---

p.230

摘要閱讀法

反覆練習「如何用一句話來解釋」

#為資訊安排優先順序
#閱讀技巧

---

p.234

學習魔法香蕉

自問自答並串聯詞彙的聯想法

#聯想遊戲
#利用零碎時間
#邊玩邊記憶

No. 44 朗讀學習法

透過聲音記憶的學習法

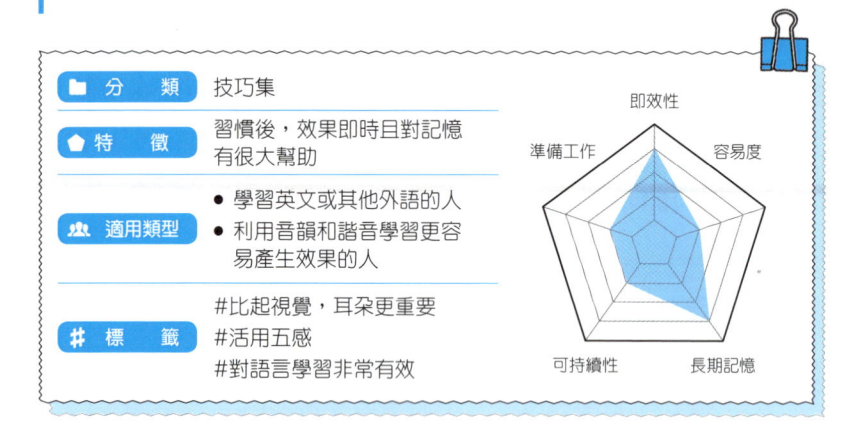

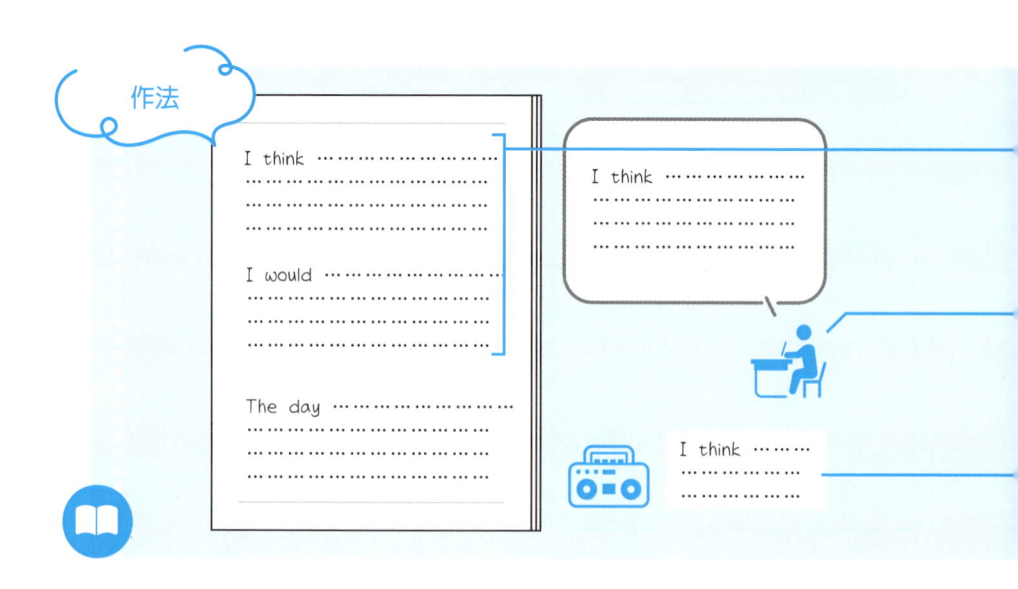

分　類	技巧集
特　徵	習慣後，效果即時且對記憶有很大幫助
適用類型	● 學習英文或其他外語的人 ● 利用音韻和諧音學習更容易產生效果的人
標　籤	#比起視覺，耳朵更重要 #活用五感 #對語言學習非常有效

雷達圖：即效性、容易度、長期記憶、可持續性、準備工作

作法

I think ……
I would ……
The day ……

I think ……

I think ……

210　朗讀學習法

朗讀學習法是透過**大聲朗讀文章來進行學習**的方法。當你用眼睛閱讀並大聲朗讀文章，不僅運用了口部發聲，還能透過耳朵聆聽自己的聲音，因此同時運用了眼睛、口腔和耳朵這三個感覺器官。而且，對於那些比起視覺更容易透過聽覺來記憶的人來說，這種方法特別有效。

此外，實際朗讀並發音對大腦有正面作用，不僅能穩定情緒、調節自律神經，還能對心理層面帶來正面影響。

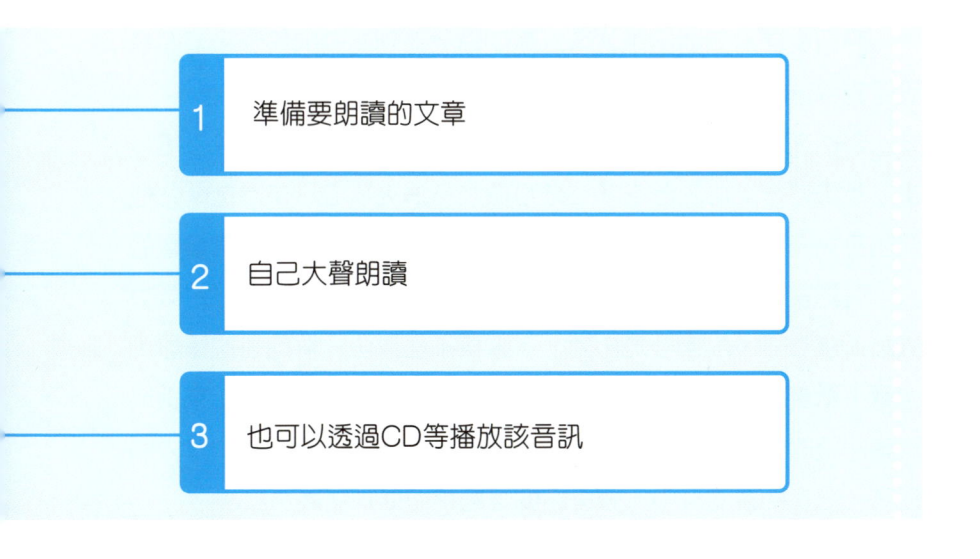

1　準備要朗讀的文章

2　自己大聲朗讀

3　也可以透過CD等播放該音訊

以英文文章為例

在朗讀英文文章之前,首先要掌握「正確的發音」。請確認母語人士是如何發音該文章的。此外,也可以選擇附有音檔的教材。如同 P214 所介紹的「跟讀學習法」技巧,試著緊跟範例朗讀,效果也會非常顯著。單純用眼睛看文章無法掌握正確的語調,而朗讀則是培養語調的唯一方法。此外,這樣也有助於提升聽力,因為在學習英文的過程中,有一個不變的原則:「**無法發音的單字也無法聽懂**」。

不過,實踐這種方法時,如果語調不正確,可能會記住錯誤的語調,因此建議在開始練習之前,先請別人聽聽看,確認自己的發音是否正確。

以日文文章為例

將日文文章朗讀出來,可以幫助你意識到閱讀的節奏,並學會正確劃分音節。

舉例來說,有這樣一句話:「彼らは気が気ではなくなってしまったので彼女のことをすっかり頭から消去してしまった。(他們因為焦慮不安,完全把她的事情拋諸腦後。)」若是不常讀書的人,可能會在不自然的地方停頓,像是這樣:「彼らは気が、気ではなくなって、しまったので」,這樣不僅無法理解句子的意思,也會不斷重讀句子,最終可能會對閱讀產生反感。然而,如果養成流暢朗讀的習慣,即使在不朗讀的時候,閱讀理解的速度也會大幅提升。日文朗讀的其中一個優點就是能幫助提升閱讀速度。

當你逐漸熟悉這種方法後,**建議錄下自己朗讀的聲音,再重播來聽**。

📝 感想與建議!

東大生在實踐這個學習法時,會利用零碎時間進行。有些東大生甚至邊走邊自言自語,結果讓周圍的人感到困惑,甚至產生排斥感。其實平常反覆朗讀確實能加速語言學習的進度。

然而,要實際進行朗讀需要一些勇氣。如果太在意周圍人的眼光,就不太敢大聲朗讀。因此,可以選擇在人少的地方,例如卡拉 OK 包廂或自己房間來練習。

推薦書籍

- 小林弘幸・著,《1日1分で自律神経が整う おとなの音読》(暫譯:1天1分鐘就能調節自律神經 大人的朗讀),SB 創意。
  可能很多人自小學以來就開始進行朗讀吧。這本書介紹了一些朗讀的方法及其效果。

No. 45 跟讀學習法

如影隨形地跟著英文唸出來

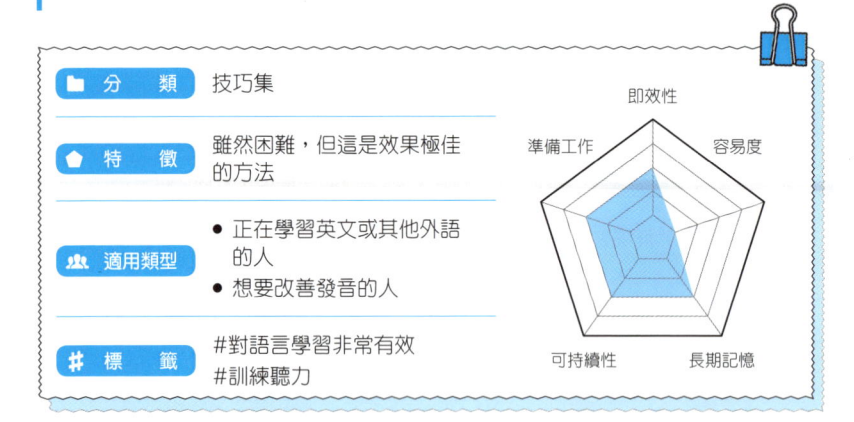

分類	技巧集
特徵	雖然困難，但這是效果極佳的方法
適用類型	・正在學習英文或其他外語的人 ・想要改善發音的人
標籤	#對語言學習非常有效 #訓練聽力

雷達圖：即效性、容易度、長期記憶、可持續性、準備工作

作法

A lot of people think that
……………………………………
……………………………………

A lot of people think that ………
……………………………………
……………………………………

214　跟讀學習法

跟讀學習法（Shadowing）是一種能有效提升聽力的學習方法。方法很簡單，就是**聽到文章被朗讀後，立刻跟著讀**。雖然步驟看似簡單，但要做到這點，卻需要大量的努力和學習量。

如果你不相信的話，不妨嘗試看看。即使是簡單的英文，要跟得上也相當費力。如果能做到這一點，基本上就可以說自己能聽懂英文了。跟讀學習法所需要的能力，不僅僅是準確地聽懂發音。單純的重複聽跟讀會有其限制，因此，你還需要預測接下來將要發音的單字。如果能預測出來，即使聽漏了一部分，也能夠透過想像來彌補，繼續順利跟讀下去。

| 1 | 聽到內容後稍作停頓，再立刻跟著說出來 |

| 2 | 反覆練習，直到能夠同步說出來 |

STEP1　朗讀講稿

不要一開始就進行跟讀練習,而是先從閱讀講稿開始,並且不依賴音檔。這時,要注意自己是否完全理解每個句子的意思,並能夠從文法角度分析每個句子的結構。

STEP2　逐句或逐段進行跟讀

掌握內容後,可以開始練習逐句或逐段的跟讀。雖然一開始可能無法做到,但隨著練習次數的增加,會逐漸變得順暢。如果能夠順利地將某一句或某一段讀出兩遍以上,就可以進入下一句或下一段的練習。

STEP3　跟讀整篇文章

能夠逐段順利跟讀後,就可以挑戰整篇文章的跟讀。雖然能夠流暢地讀完整篇英文很重要,但更關鍵的是,能否邊讀邊理解內容。在這個過程中,要理解自己所發出的語句的意思,並將其轉化為自己的語言繼續練習。

學習進展到一定程度後

當學習進展到一定程度後,可以嘗試跟讀從未接觸過的文章。不過,這時要避免一開始就挑戰高難度的文章,建議先從簡單的對話劇情開始練習。準確地復述對方的話需要一定的經驗,因此不必心急,應該穩紮穩打地練習。

> **感想與建議!**
>
> 學習英語時,重音與語調是關鍵。有些東大生透過跟讀練習,會察覺到「哦,這裡的發音需要強調」,並透過這樣的學習方式,成功提升了聽力理解能力。

推薦書籍

- 牧野智一・著,《すごい英語音読》(暫譯:驚人的英文朗讀),SB 創意。
  這本朗讀練習書能夠提升英文口說與聽力。

No. 46
即時英譯練習

將句子即時翻譯成英文

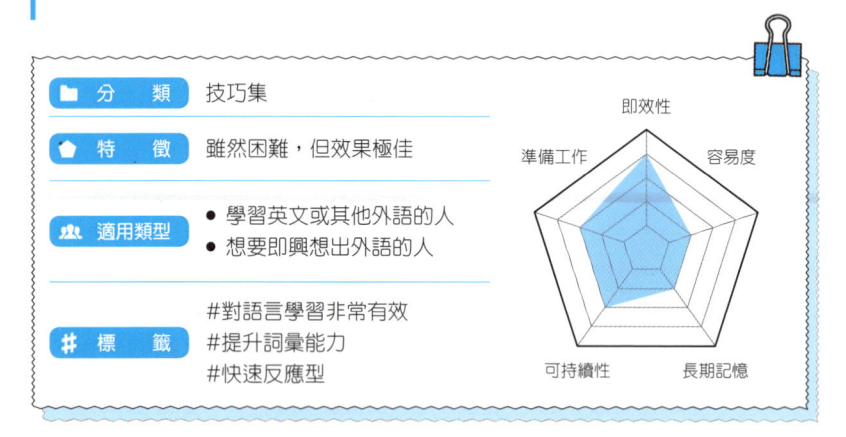

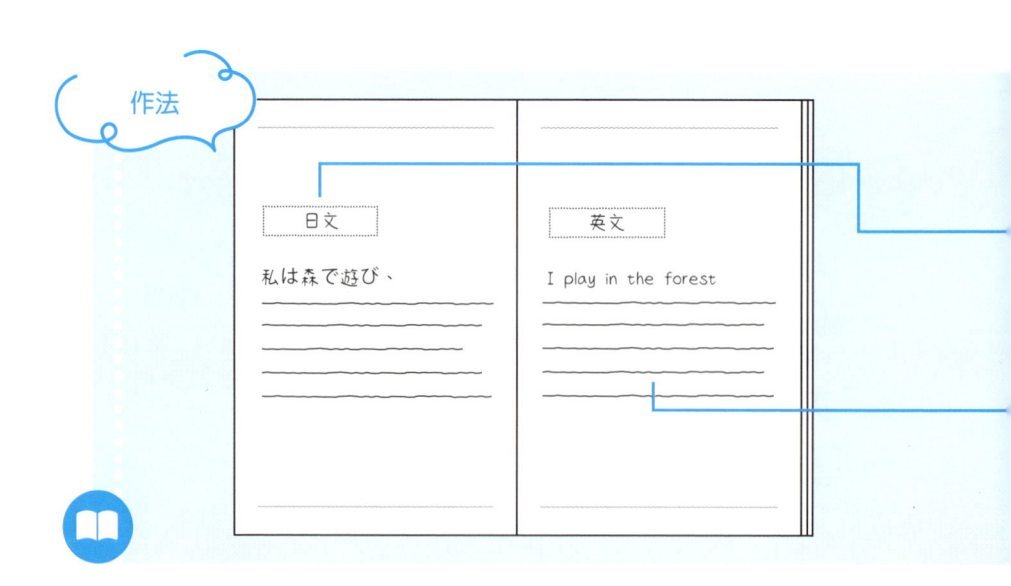

分　類	技巧集
特　徵	雖然困難，但效果極佳
適用類型	● 學習英文或其他外語的人 ● 想要即興想出外語的人
標　籤	#對語言學習非常有效 #提升詞彙能力 #快速反應型

雷達圖項目：即效性、容易度、長期記憶、可持續性、準備工作

作法

日文：私は森で遊び、

英文：I play in the forest

218　即時英譯練習

實踐即時英譯練習其實很簡單，只需要**把腦中浮現的日文單字或句子，迅速翻譯成英文即可**。不過，不能只是逐字翻譯，而是要想出更自然、更流暢的譯法。理想的情況是，除了逐字翻譯，還能產生更自然的表達，甚至能想到多種不同的表達方式。

　　在短時間內盡可能設想多種翻譯方式，這對於日文英譯或英文寫作非常有幫助。當然，將日文與英文一一對應，像逐字翻譯那樣記住每個譯文，確實也是一種有效的方法。但如果只能想到唯一的翻譯方式，可能會陷入困境，難以應對不同的情境。優秀的軍師會根據不同情況擬定靈活的策略，而在英譯練習中，我們也應該培養這種應變能力，平時就多練習不同的表達方式，以便應對各種情境。

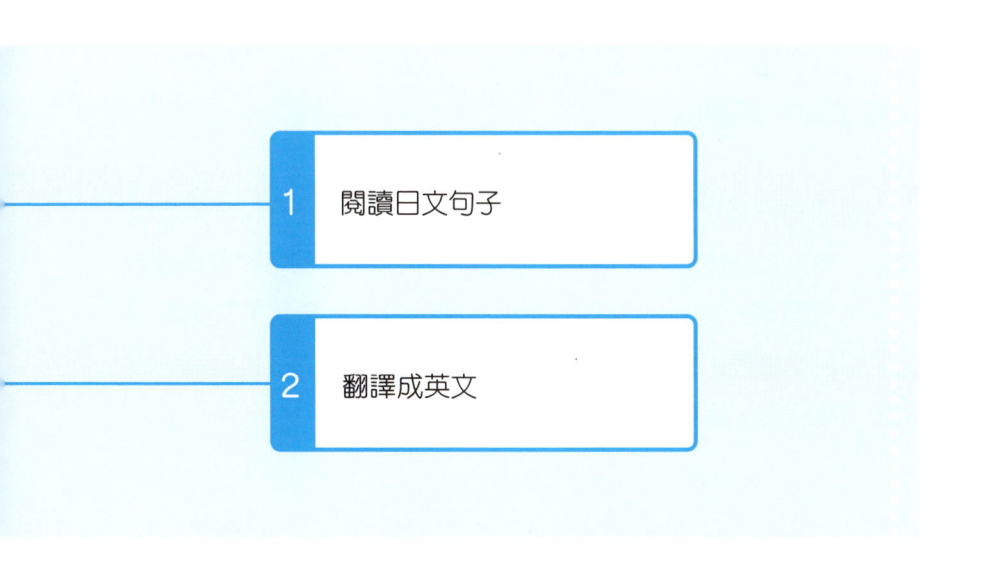

| 1 | 閱讀日文句子 |

| 2 | 翻譯成英文 |

具體的方法

試著將老師說過的話、搭電車時看到的廣告看板,或是手機上跳出的廣告內容翻譯成英文。此時,盡量能用多種方式表達會更理想。例如,請試著將以下句子翻譯成英文,你會怎麼說呢?

「無論如何也不想寫作文。」

要盡量在瞬間想出英文句子。首先,可能會想到「don't want to~」。或許也會想到「hesitate to~」,但「hesitate」這個詞有「因為不確定而猶豫」的意思,可能不太適合在這個情境中使用。訣竅在於**設想多種不同的日文表達方式**。例如,這句話可以換成「我討厭寫作文」,這樣就能用「I hate writing.」這三個字來表達同樣的意思。

可以設想各種不同的說法。不要只是自己練習,也可以邀請朋友一起討論,看看有哪些自己沒想到的表達方式。還可以舉辦一場多人的「即時英譯大賽」,在熱鬧的氛圍中練習,說不定英文實力會迅速進步。

熟悉到一定程度後

當你對即時英譯已經有一定的熟悉度後,或許可以嘗試反向練習,將英文翻譯成日文句子。透過分析兩種語言的特點與表達方式,將能發現一些新的東西。理想的狀況是,無論是英文還是日文,都能準確表達相同的意思並讓人理解。因此,為了能夠靈活運用這兩種語言,建議多學習各種不同的表達方式。

📝 感想與建議！

從熟悉英文這一點來看,「即時英譯練習」是一種非常有效的學習方法。一位東大生表示,他每天進行一次這項練習,持續一個月後,對英文的熟悉度大幅提升。尤其是對於那些不太擅長英文的人,這個方法更是值得一試!

推薦書籍

- 森澤洋介・著,《英語上達完全マップ》(暫譯:英文進步指南),Beret 出版。
  這本書彙整了包括「即時英譯練習」在內的各種提升英文能力的方法。

No. 47 單字本升級法

製作屬於自己的「完美單字本」

分類	技巧集	
特徵	雖然需要花些時間和精力,但這是能在享受過程中發揮效果的方法	
適用類型	● 不擅長背英文單字的人 ● 覺得沒有適合自己的單字本的人	
標籤	#量身打造自己的單字本 #寫的過程也很有趣 #資訊整理技巧	

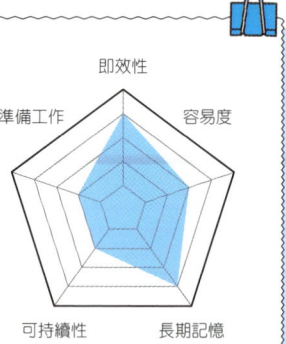

雷達圖座標:即效性、容易度、長期記憶、可持續性、準備工作

對於筆記

STEP1
將單字分類為「記得的」與「記不住的」

1. 使用鉛筆或自動鉛筆書寫,這樣之後可以輕鬆修改

STEP2
寫下
「需要記住的相關資訊」

2. 可以在其他教材或字典查找同義詞、反義詞、衍生詞等,並補充進去

STEP3
寫下
「為了更容易記住的資訊」

3. 諧音聯想、插圖、例句等,任何方法都可以

決定開始學習英文，走進書店並查看英文單字本時，肯定會對種類繁多的單字本感到驚訝。各式各樣的單字本應有盡有，其內容也不盡相同，光是要找到一本適合自己、又容易記住的單字本，就得費些心思。

如果真有一本「包含所有資訊的完美單字本」，反而可能因為資訊量過多，讓人無法分辨哪些才是重要的內容。這本書可能會針對你尚未記住或不熟悉的單字提供詳細解釋，而那些已經記住的單字則會簡單帶過。但實際上，這樣一本理想的英文單字本是不可能存在的。

既然如此，**對你而言的「完美單字本」就只能自己動手製作**。在此將介紹如何以市售單字本為基礎，製作屬於自己的「完美單字本」。

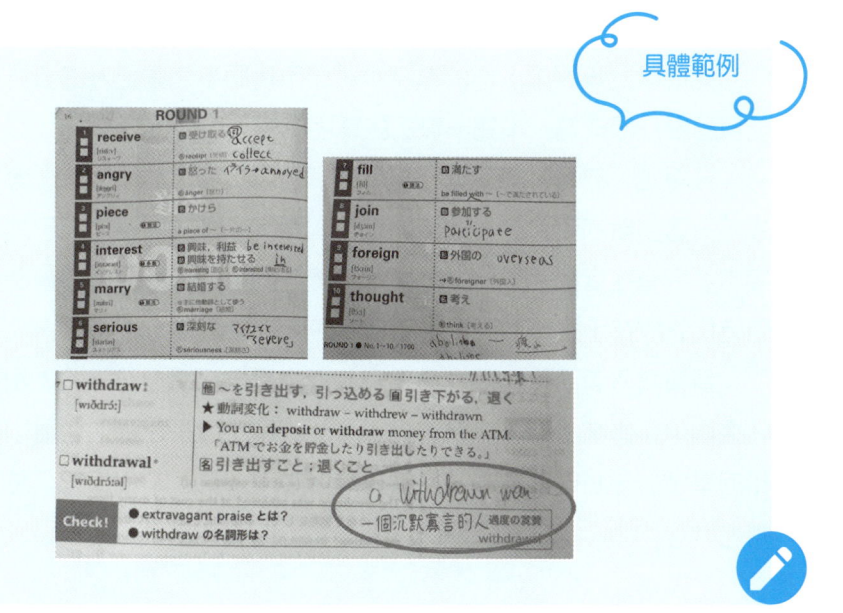

具體範例

CHAPTER 3　具體方法與技巧　**223**

具體的方法

　　首先，準備一本市售的單字本。在閱讀單字本的過程中，對於已經記住的單字，可以在旁邊標註「○」，對於尚未記住的單字標註「×」，而對於記憶有點模糊的單字則標註「△」。過一段時間後，你可能會發現「這個單字我已經記住了！」或是「我以為自己記住了，結果還是有點忘了……」這種情況，所以最好使用鉛筆或自動鉛筆，這樣之後可以隨時修改標註。

　　接下來，集中處理那些標註△和×的單字，**利用字典等資料查找它們的同義詞、反義詞、衍生詞，或其他「需要記住的相關資訊」，並將這些內容直接寫進單字本裡**。這樣可以增加單字本的資訊量，使其更加豐富。

　　寫下新資訊後，接著**再加入一些「為了更容易記住」的資訊**，例如諧音聯想、插圖、例句等，什麼方式都可以。

　　完成以上步驟後，你的單字本將比市售版本包含更多的資訊，並且已經升級成為一本獨一無二的單字本。

　　升級後，你可以繼續進行練習，解題或閱讀其他單字本、參考書等，遇到新的資訊時，隨時將它加入單字本中。「屬於自己的單字本」只有在實際使用時，才能發揮真正的價值。因此，學習時要隨時把它放在手邊，並不斷更新它，使它更有價值。

　　習慣寫入資訊後，就能發現哪些資訊是自己需要記錄的。例如「這個單字拼寫相似，常常會搞錯」，或是「這是在聽力測驗中聽錯的單字」，將自己的經驗反映在單字本中，單字本就會越來越完善。

最重要的是，將資訊寫進單字本的過程本身，能幫助你記住單字。只是隨便翻一翻，無法真正記住單字。要利用字典查閱單字，寫下同義詞和反義詞，這種主動學習的過程才是記憶的捷徑。而且，這個方法不僅對英文單字本有效，對於術語集和整理論點的參考書也同樣適用。

> **感想與建議！**
>
> 　　許多人為了打造一本完美的參考書，會準備多本參考書來實踐。他們選擇那些被稱為「經典」的參考書，並將其他參考書的內容一一寫進去。不過，隨著內容不斷增加，書中的空白處會越來越少，因此選擇有大量空白處的參考書也是一個不錯的選擇。

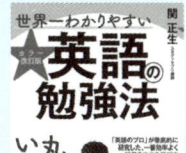

推薦書籍

- 三田紀房．著《ドラゴン》，講談社。
  第 10 卷中也有介紹這種二等分學習法。
  ※ 章澤儀譯，《東大特訓班》，台灣東販。

No. 48 第一段預測法

只讀第一段來預測文章的發展

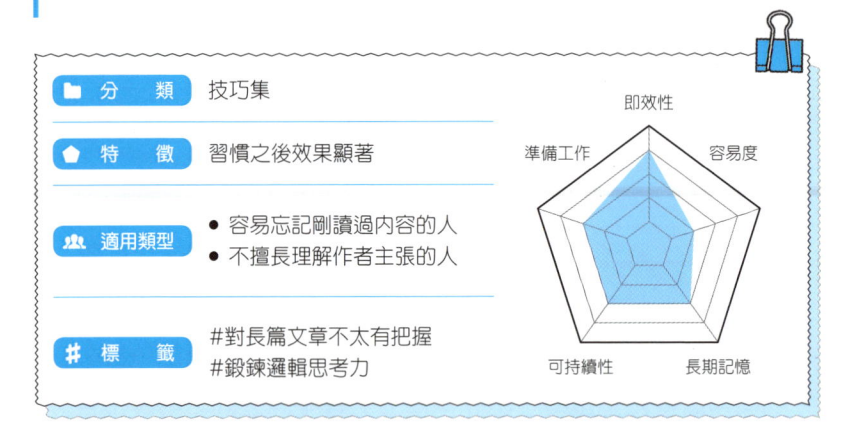

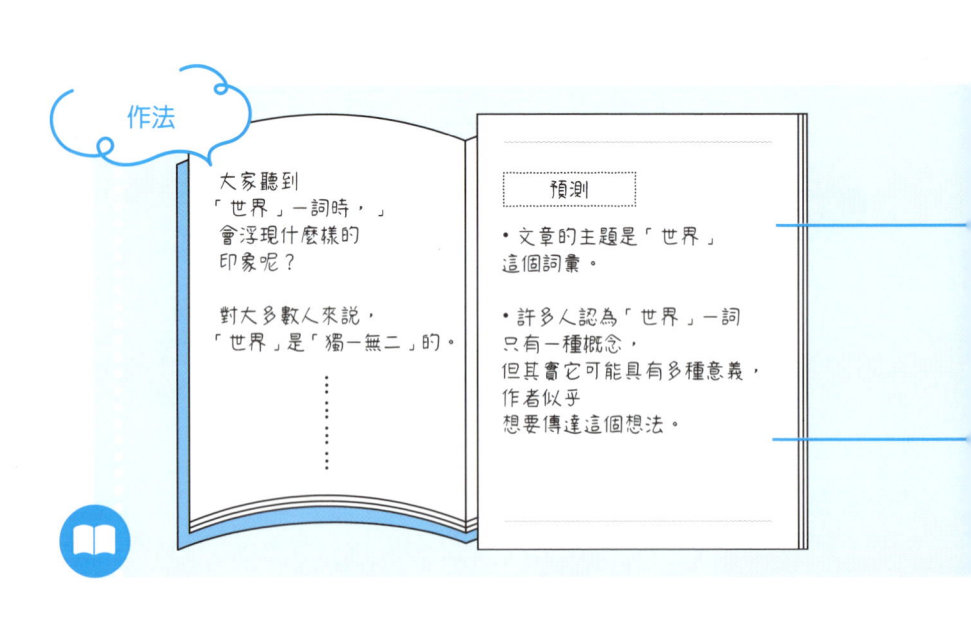

分　類	技巧集	
特　徵	習慣之後效果顯著	
適用類型	● 容易忘記剛讀過內容的人 ● 不擅長理解作者主張的人	
標　籤	#對長篇文章不太有把握 #鍛鍊邏輯思考力	

雷達圖項目：即效性、容易度、長期記憶、可持續性、準備工作

作法

大家聽到
「世界」一詞時，
會浮現什麼樣的
印象呢？

對大多數人來說，
「世界」是「獨一無二」的。
……

預測

● 文章的主題是「世界」
這個詞彙。

● 許多人認為「世界」一詞
只有一種概念，
但其實它可能具有多種意義，
作者似乎
想要傳達這個想法。

226　第一段預測法

許多人可能都曾因為「長文閱讀理解」而苦惱。面對冗長且艱澀的文章，閱讀時可能會忘記剛剛讀過的內容，或者即使讀完整篇文章，仍然無法理解作者想要傳達的重點。因此，首先要從「正確閱讀」開始練習。

　　那麼，在長篇文章中，哪個段落包含了最重要的資訊呢？通常，最後一個段落是作者總結自身主張的部分，因此相當重要。然而，如果要一開始就讀最後一段並立即理解其內容，往往會有些困難。

　　因此，應該特別注意「第一段」。**這是作者與讀者首次交會的地方，作者往往會在這裡提示整篇文章的方向**。因此，可以利用第一段的內容作為線索，預測文章的發展脈絡，這便是所謂的「只讀第一段來預測文章發展的方法」。

1. 只讀第一段，確認關鍵字與主題

2. 確認關鍵字與主題後，根據這些內容預測文章要傳達的重點

具體的方法

　　首先，準備一篇長文閱讀題目，無論是英文或日文都可以。準備好後，先仔細閱讀開頭的第一段。如果是英文，初期可以使用字典等工具，反覆閱讀直到完全理解內容為止。

　　讀完第一段後，根據內容預測第二段及後續段落的發展，並將想法寫下來。例如，假設第一段的內容是：「現代人習慣使用相機，但這真的是一件好事嗎？」那麼接下來的段落可能會批評「現代人使用相機」這件事，也可能會解釋為何作者持有這樣的看法。此時不必侷限於單一的預測，而是廣泛思考各種可能的發展方向。

　　如果僅憑第一段無法做出準確預測，可以繼續讀第二段、第三段，當你能夠大致理解文章想表達的內容時，便可暫停閱讀。這個方法的關鍵在於透過文章開頭的寫法來預測整體脈絡，因此若一次讀太多，就失去了這項練習的意義。

　　完成預測後，讀完整篇文章，並檢視實際內容與自己的預測有多少相符。以先前提到的相機為例，文章可能如預期那樣，批評「現代人使用相機」這件事，並與過去的人做對比，或者作者其實不是批評相機，而是批評「觀看照片」的行為，主張應該用自己的眼睛直接觀察。分析文章實際的發展方式，有助於提升未來預測的準確度。

　　成功預測的訣竅在於，盡量設想更多的可能性。實踐「只讀第一段來預測文章發展的方法」，能夠幫助我們掌握文章的邏輯結構與發展模式。

在閱讀長文時,過度先入為主地假設結論是危險的。這種學習法的重點在於培養「這只是預測」的意識,並隨時與文章實際內容進行對照。

> **感想與建議!**
>
> 東大生在實際運用這種學習法時,會選擇國語的題目來練習。他們會從參考書中挑選幾道題目,並選擇其中需要理解整篇文章的選擇題,例如「選出文章的整體主題」或「選出符合作者主張的選項」。接著,他們只閱讀第一段,再回答這些需要掌握文章全貌的選擇題,以檢驗自己是否能正確解答。

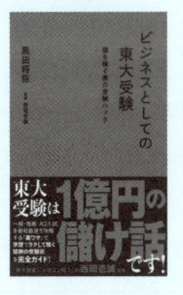

推薦書籍

- 黑田將臣・著,《ビジネスとしての東大受驗》(暫譯:商業化的東大應試),星海社。這本書收錄了打破升學名校和升大學補習班長期壟斷的一般入學考試獨門技巧,以及目前尚無明確對策的推薦入學與 AO 入學(綜合型選拔)的最新應試方法。

No. 49

摘要閱讀法

反覆練習「如何用一句話來解釋」

分　類	技巧集
特　徵	雖然困難，但效果極佳
適用類型	• 不擅長「摘要問題」的人 • 閱讀理解能力較弱的人 • 說話容易拐彎抹角的人
標　籤	#為資訊安排優先順序 #閱讀技巧

雷達圖座標：即效性、容易度、長期記憶、可持續性、準備工作

作法

大家聽到「世界」一詞時，會浮現什麼樣的印象呢？對大多數人來說，「世界」是「獨一無二」的。

當我們說「世界很遼闊」時，通常是指整個地球的意思。當我們攤開「世界地圖」時，腦海中浮現的應該是整個地球的地圖。當我們說「在這個世界上唯一擁有這種能力的人」時，應該沒有人會認為是指兩個以上的世界。

然而，實際上「世界」一詞有時也可以指特定範圍內的人類活動。例如，「競技世界」或「醫療世界」這類說法，就是用來表示某種職業或專業領域。

摘要

「世界」不僅僅是指「地球」這個單一概念，還可以代表特定範圍內的人類活動。若依照這個定義來看，這個世上其實存在許多不同的「世界」。

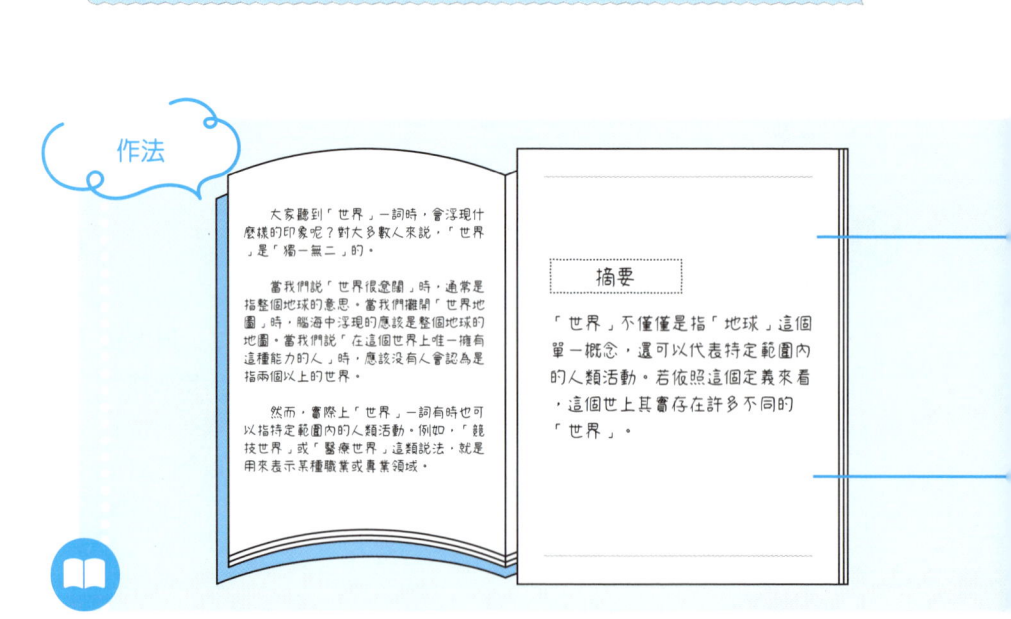

230　摘要閱讀法

在以東京大學為首的頂尖大學入學考試中，經常會出現要求摘要文章或以少量字數說明的題目。許多學生較不擅長這類題型，但其實「摘要能力」是每個人都可以鍛鍊的。

這裡介紹的「摘要閱讀法」，是一種透過閱讀來培養摘要能力的技巧，也就是一種訓練方式。可以把它當作是「反覆練習摘要」的過程。剛開始時，可能會覺得在限定字數內整理文章有些困難，但隨著練習次數增加，習慣後就能逐步掌握技巧。

為了寫出好的摘要，必須反覆閱讀原文，因此也能加深對文章內容的理解。在日常閱讀中好好鍛鍊自己的摘要能力吧！

| 1 | 以簡潔的方式統整主題，提取關鍵訊息 |

| 2 | 目標是讓人只讀摘要就能大致理解文章內容，這是基本原則 |

選出最能簡單概括該段內容的一句話

首先,準備一篇文章作為題材,任何類型都可以,但初學時,建議從章節分明、結構清晰的書籍開始。

閱讀第一個段落後,選出其中「最能簡明概括該段內容」的一句話。以下是三個常見的位置,較容易找到能清楚表達該段內容的句子:

- **段落的「第一句」或「最後一句」**
- **否定連接詞「但是」或「不過」之後的句子**
- **以「〜難道不是這樣嗎?」這類提問方式表達的句子**

每個段落用 30 字內總結→每個章節用 140 字內總結

接下來,重新閱讀所選的那句話,並將其用 30 字內改寫。即使原句已在 30 字以內,也要用自己的話表達,為了讓沒讀過這本書的人也能理解,語句要簡單易懂。

對下一個段落也進行相同練習。每個段落寫出 30 字以內的摘要,整個章節寫完後,再用 140 字內總結該章內容。140 字正好是 X(原本的「Twitter」)一則貼文的字數上限,因此可以利用輸入框檢查字數並撰寫摘要。完成一章的總結後,依照相同方式處理其他章節,每個段落寫 30 字內的摘要,然後用 140 字內總結該章內容。

當所有章節的摘要完成後,最後用 140 字內概括整本書的內容,這樣就能完成整本書的「摘要」。透過這種分階段、多次練習摘要寫作的方式,可以有效地鍛鍊摘要能力。

> ✏️ **感想與建議！**
>
> 　　繼續進行「摘要閱讀法」時，你可能會發現：「這些內容根本無法用 30 字表達！」或是「這部分看起來很重要，省略掉真的沒問題嗎？」這類讓人頭痛的情況會越來越多。然而，這其實是正常的。這些困擾才是「摘要閱讀法」的效用所在。摘要能力其實就是能夠對資訊進行優先排序並做出取捨的能力。透過「摘要閱讀法」來鍛鍊這項能力，你將能在與人溝通時，更簡潔有力地傳達資訊。

推薦書籍

- 山口拓朗・著，《9 割捨てて 10 倍伝わる「要約力」》，日本實業出版社。
  這本書介紹了一些方法，教你如何將想傳達的訊息「簡短」且「清楚」地表達，藉此訓練最有效率、最迅速的「摘要能力」。

※ 吳羽柔譯，《摘要力：刪掉 9 成重點，比別人強 10 倍的表達力》，商周出版。

CHAPTER 3　具體方法與技巧　　233

No. 50 學習魔法香蕉

自問自答並串聯詞彙的聯想法

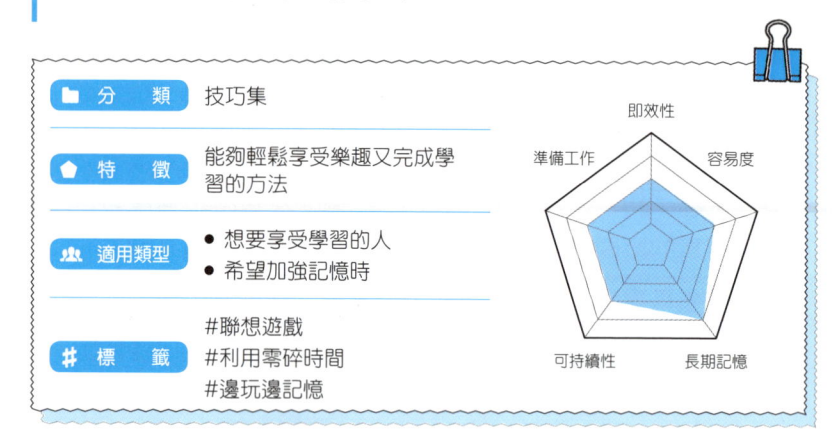

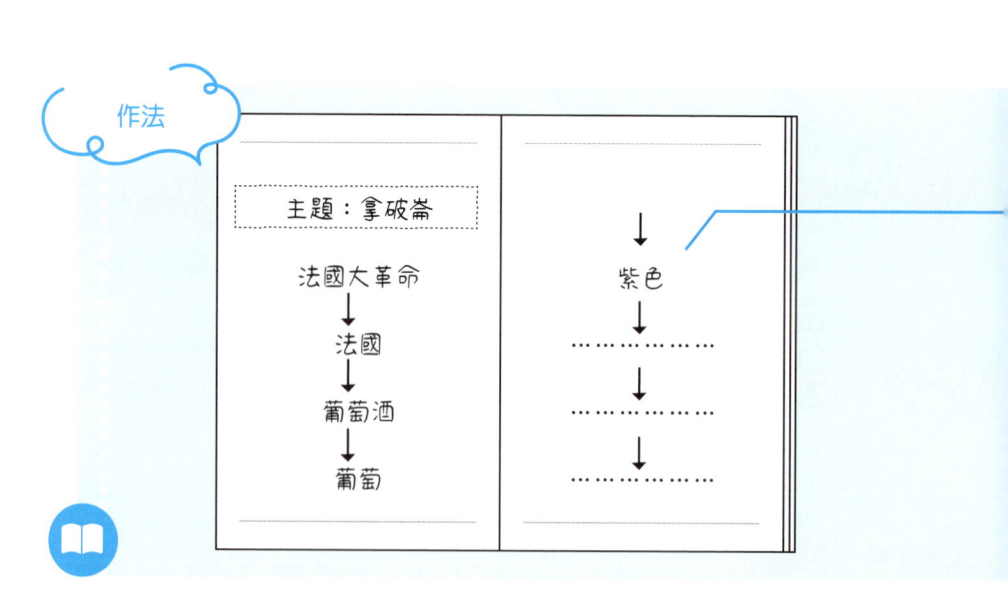

分　類	技巧集
特　徵	能夠輕鬆享受樂趣又完成學習的方法
適用類型	● 想要享受學習的人 ● 希望加強記憶時
標　籤	#聯想遊戲 #利用零碎時間 #邊玩邊記憶

即效性／準備工作／容易度／可持續性／長期記憶

作法

主題：拿破崙

法國大革命
↓
法國
↓
葡萄酒
↓
葡萄

↓
紫色
↓
……………
↓
……………
↓
……………

234　學習魔法香蕉

「學習魔法香蕉」是一個適合在通勤或短暫休息時進行的**聯想遊戲，方法是透過自問自答：「說到這個單字，會聯想到什麼⋯⋯」來將各種詞彙串聯起來**。這個遊戲是從一個單字出發，在腦海中不斷衍生出更多詞彙，並找出它們之間的關聯。因為不需要紙和筆，因此可以充分利用通勤或上學的時間來訓練聯想力和瞬間反應力。

| 1 | 利用相關的概念來發想詞彙 |

| 2 | 即使關聯性不強也沒關係，迅速地不斷串聯下去 |

具體的方法

首先，想一個最近記住的單字或術語。不管是昨天才學的英文單字，還是新聞中看到的詞彙都可以。接著，想出與這個詞彙有某種關聯的其他詞彙，並自問自答：「提到●●，會想到……？」

如果是單字，可以聯想到同義詞、反義詞或衍生詞；如果是術語，則可以想到同一領域的詞彙或意思相近的詞彙。只要有關聯性即可。例如：「提到培里，就想到明治維新」或「提到聖女貞德，就想到法國」，像這樣用相關的事件或人物串聯起來。如果這時候出現「那個單字是什麼來著？想不起來！」或「這個術語應該有關聯……但叫什麼名字呢？」這種想不起來的情況，就先換其他詞彙，之後再回頭確認。如果能夠連續想出 20 個以上的關聯詞彙，就算過關。如果中途卡住，想不出更多關聯詞彙，那就算失敗，必須重新來過。此外，同一個詞彙不能重複使用。

單純靠「相同意思」來串聯 10 個詞彙可能有些困難，但如果擴展到「相關概念」、「可以聯想到的詞彙」，甚至「同一領域的事物」，其實很容易就能找到 10 個相關詞彙。

例如，從「economy（經濟）」開始，可以想到「finance（財政）」這類相近的詞，也可以想到「depression（不景氣）」、「currency（貨幣）」、「invest（投資）」等，從「經濟」一詞可以聯想到許多相關詞彙。

或許有些人會覺得「這不過是個遊戲」，但正如「記憶樹學習法」所介紹的：「關聯性越強，就越不容易忘記」。透過這種方式，不僅能享受學習過程，還能有效加深記憶。

> 📝 **感想與建議！**

　　「學習魔法香蕉」可以幫助你理解哪些詞彙之間有較強的關聯性。例如，你會發現「明治維新確實對許多人產生了深遠的影響」，或者「『term』這個字與『terminal』、『termination』等許多詞彙有關聯」。當你逐漸熟悉這個方法後，可以試著設立自己的時間限制，來提高瞬間反應力。如果你能在當下迅速想到相關的單字或詞彙，那就代表你已經達到精通的境界。

推薦書籍

- 西岡壱誠・著，《現役東大生が教える 「ゲーム式」暗記術》（暫譯：現役東大生傳授的「遊戲式」記憶法），Diamond 社。
  這本書介紹了許多可以透過遊戲方式輕鬆自學的記憶方法。

> 專欄

考試當天應注意的事項

在考試過程中,總是會不自覺地想起「做錯的題目」。明明應該要快速轉換到下一題或下一個科目繼續前進,卻忍不住想著:「剛剛那科的那一題,我做錯了……」或是「那題的答案,是不是『A』才對?」前面的問題就像閃現一樣,讓人無法專心,這種情況其實很多人都曾經歷過。

人類有一個特性,叫做「彩色浴效果」,意思是「一旦注意到某件事,之後就會不自覺地一直關注它」。舉例來說,如果你聽到「幸運顏色是紅色」,你就會發現紅色的東西一直出現在眼前。

其實,應該也有做對的題目,甚至可能分數比平時還高,但我們的注意力卻總是集中在「做錯的那一題」上,而忽略了「做對的幾題」。改善這種情況的方法很簡單,就是「相信自己」。這聽起來可能像是心理建設,但除了這樣做,別無他法。即使心裡在擔心「怎麼辦」,你該做的事依然不會改變。

常聽到有人說「因為抗壓性差,所以考試不及格」,但事實上,「抗壓性差」並不會直接導致「考試不及格」。真正的原因在於,因為抗壓性差,無法完全相信自己的努力,反而改變了平常的解題方式,最終導致失敗。因此,那些認為自己「抗壓性差」的人,應該要盡量「保持平常心」。

國家圖書館出版品預行編目（CIP）資料

最有效的學習法圖鑑／西岡壱誠, 東大CARPE DIEM著；
邱顯惠譯. -- 初版. -- 臺中市：晨星出版有限公司，
2025.08
　　240面；14.8 × 21公分. --（Guide book；388）
譯自：自分にあった方法が見つかる！勉強法図鑑
ISBN 978-626-420-165-0（平裝）

1.CST：學習方法

521.1　　　　　　　　　　　　　　　　114009244

Guide Book 388

最有效的學習法圖鑑
自分にあった方法が見つかる！勉強法図鑑

作者	西岡壱誠（Nishioka Issei）、東大CARPE DIEM	日文原書製作
譯者	邱顯惠	■內文設計與圖表製作：
編輯	余順琪	金城實來（CARPE DIEM）
特約編輯	楊荏喻	■責任編輯：
封面設計	耶麗米工作室	淺井啟介（TAC出版）
美術編輯	林姿秀	

創辦人	陳銘民
發行所	晨星出版有限公司 407台中市西屯區工業30路1號1樓 TEL：04-23595820　FAX：04-23550581 E-mail：service-taipei@morningstar.com.tw http://star.morningstar.com.tw 行政院新聞局局版台業字第2500號
初版	西元2025年08月15日

讀者服務專線	TEL：02-23672044 / 04-23595819#212
讀者傳真專線	FAX：02-23635741 / 04-23595493
讀者專用信箱	E-mail：service@morningstar.com.tw
網路書店	http://www.morningstar.com.tw
郵政劃撥	15060393（知己圖書股份有限公司）

印刷	上好印刷股份有限公司

定價 370 元
（如書籍有缺頁或破損，請寄回更換）
ISBN：978-626-420-165-0

JIBUN NI ATTA HOUHOU GA MITSUKARU!
BENKYOHOUZUKAN
© ISSEI NISHIOKA, CARPE DIEM 2024
Originally published in Japan in 2024 by TAC Co.,Ltd., TOKYO
Traditional Chinese characters translation rights arranged with TAC Co.,Ltd., TOKYO,
through TOHAN CORPORATION, TOKYO and Future View Technology Ltd., Taipei City.

Printed in Taiwan
版權所有・翻印必究

｜最新、最快、最實用的第一手資訊都在這裡｜